跨文化交际英语教学与研究

阮国艳 著

中国纺织出版社有限公司

内 容 提 要

在当今全球化过程中，文化显示出其多元性与包容性，这就要求外语学习者培养跨文化意识，提升对异国文化的理解度与包容度。《跨文化交际英语教学与研究》主要介绍了跨文化交际中语言交际、非语言交际，英语教学基础以及英语教师与学科教学思维的相关内容，结合目前高校英语教学现状，着力提高学生跨文化交际意识，有效实行跨文化交际教学。

图书在版编目(CIP)数据

跨文化交际英语教学与研究 / 阮国艳著. — 北京：中国纺织出版社有限公司，2020.6（2024.3重印）

ISBN 978-7-5180-7355-9

Ⅰ.①跨… Ⅱ.①阮… Ⅲ.①英语-教学研究 Ⅳ.①H319.3

中国版本图书馆 CIP 数据核字(2020)第 071849 号

策划编辑：韩 阳　　责任编辑：朱健桦
责任印制：储志伟　　责任校对：王花妮

中国纺织出版社有限公司出版发行
地址：北京市朝阳区百子湾东里 A407 号楼　邮政编码：100124
销售电话：010—67004422　传真：010—87155801
http://www.c-textilep.com
中国纺织出版社天猫旗舰店
官方微博 http://weibo.com/2119887771
北京兰星球彩色印刷有限公司印刷　各地新华书店经销
2020 年 6 月第 1 版　2024 年 3 月第 2 次印刷
开本：787×1092　1/16　印张：8.75
字数：217 千字　定价：68.00 元

PREFACE

前言

近年来，随着我国改革开放政策的实行和我国与国际间的经济、科技、文化交流日益频繁，人们越来越重视外国文化问题。同时，我们也逐渐认识到了解外国文化在对外交往中的重要性。在教育领域中，外语教学也渐渐重视对学生交际能力的培养。然而，对许多老师而言，文化教学还是一个较新的概念，从跨文化角度对英语教学进行研究探讨在目前还是个新领域。我们必须认识到交际能力的培养是外语教学的主要目标，培养学生跨文化交际的技能是中学外语教学要达到的一个目标。培养跨文化交际能力是英语教学中必不可少的一环，在教学中，英语教师既要有意识地导入文化学习，又要引导学生自己积极主动地通过谚语、神话、艺术、媒体等学习文化，从而提高跨文化交际能力。同时，教师还要处理好语言学习和文化学习的关系，处理好西方文化和中国文化的关系。

跨文化交际研究的基本目的有三个。第一，培养人们对不同的文化持积极理解的态度。文化是有差异的，通过发现对方的不同点，反过来加深对我们自身文化的理解，从而做到客观地把握各自的文化特性。在发现差异的过程中，也要注意不可忽视的大量共同之处。第二，培养跨文化接触时的适应能力。初次与不同的文化接触时，往往会受到文化冲击(culture shock)，从而产生某种不适应。要使交际得以继续下去，必须设法减缓冲击、提高适应能力。第三，培养跨文化交际的技能。随着对外开放的进一步扩大，走出国门或留在国内参与跨文化交际的人越来越多，他们都需要学习、掌握与不同文化背景的人打交道时的实际技能。在美国，除了在大学里设有这方面的课程之外，社会上，如商业界也有许多机构专门负责跨文化交际技能的培养，以适应国际化社会的需要。

本书第一章介绍了文化、语言、交际、文化与语言教学、跨文化交际基本分析、跨文化交际能力分析、跨文化交际学概念等内容；第二章介绍了跨文化交际和跨文化交际学；第三章介绍了语言与文化、语义与文化、语用与文化、语言交际风格与文化等内容；第四章介绍了非语言交际、体态语与文化、时间观念与文化、空间利用与文化等内容；第五章介绍了高效英语教学的基本关系、基本原则、教师的素质、模式与方法等内容；第六章介绍了跨文化英语教学的理论建构、原则与方法、教师与学生、测试与评价等内容。

本书在撰写过程中得到了许多业内专家和同事的意见和帮助，在此一并表示感谢，感谢大家所提出的中肯建议。此外，由于编者水平和时间有限，书中难免存在疏漏之处，敬请广大读者、专家和学者给予批评指正。

该学术专著由赤峰学院资助出版。

编　者

2018 年 3 月

CONTENTS

目 录

第一章 绪 论 …… 1

第一节 文化、语言、交际 …… 1

第二节 文化与语言教学 …… 10

第三节 跨文化交际基本分析 …… 17

第四节 跨文化交际能力分析 …… 21

第五节 跨文化交际学概念 …… 28

第二章 跨文化交际概论 …… 33

第一节 跨文化交际 …… 33

第二节 跨文化交际学 …… 37

第三章 跨文化的语言交际 …… 45

第一节 语言与文化 …… 45

第二节 语义与文化 …… 47

第三节 语用与文化 …… 54

第四节 语言交际风格与文化 …… 62

第四章 跨文化非语言交际 …… 67

第一节 非语言交际 …… 67

第二节 体态语与文化 …… 70

第三节　时间观念与文化 …… 77

第四节　空间利用与文化 …… 82

第五章　跨文化交际英语教学基础 …… 87

第一节　高校英语教学的基本关系 …… 87

第二节　高校英语教学的基本原则 …… 90

第三节　高效英语教学教师的素质 …… 93

第四节　高校英语教学的模式与方法 …… 97

第六章　跨文化交际英语教学思维 …… 105

第一节　跨文化英语教学的理论建构 …… 105

第二节　跨文化英语教学的原则与方法 …… 111

第三节　跨文化英语教学中的教师与学生 …… 118

第四节　跨文化英语教学中的测试与评价 …… 124

参考文献 …… 131

第一章 绪论

第一节 文化、语言、交际

人类在发展过程中创造了文明，形成了文化。无论是指南针、造纸术还是电灯、电话都是人类共有的财富，人们在享受科技文明的同时赞叹人类精神文明的聪慧。不同国家、不同种族的物质文明比较容易被接受，但是不同国家、不同种族的文化中与自身文化存在巨大差异的精神文明却难以被理解。在《圣经》故事中，上帝让人们讲不同的语言，彼此不能明白对方的意图，没有建成直通天堂的巴别塔。今天，全球化所带来的跨文化交际是另一种形式的巴别塔，随着外语教学在全世界范围内的蓬勃发展，语言的不同已经不是交流的障碍，真正的障碍是人们对于不同语言下的文化模式和文化传统的不理解和不接受。

一、文化

1. 文化的定义

现代汉语词典中关于文化的定义就有三个，其中一个很宽泛的解释是："文化是人类在社会历史发展过程中所创造的物质财富和精神财富的总和，特指精神财富，如文学、艺术、教育、科学等。"它包括两方面的内容，一方面泛指人类物质和精神财富的总和，另一方面又特指文学、艺术、科学等。20 世纪 80 年代以来关于文化的讨论，也是两种倾向。一种倾向是从广义层面上认为文化是人类区别于其他动物的独特创造，包括人类所创造的一切成果，即物质成果和精神成果，主张文化是人类所创造的物质财富和精神财富的总和，同时又把文化分为三个层次，第一层次是物质文化，它是经过人的主观意志加工改造过的；第二个层次主要包括政治及经济制度、法律、文艺作品、人际关系、行为习惯等；第三个层次是心理层次，或称观念文化，包括人的价值观念、思维方式、审美情趣、道德情操、宗教情感和民族心理等。另一种倾向是从狭义层面界定，认为文化就是人类所创造的精神成果。在文化学或文化人类学中，"文化"一词通常指人类社会区别于其他动物的全部活动方式以及活动的产品。就这一概念的核心内涵而言，它的意义是明确的，然而在实际研究中，专家们给的定义却是五花八门。

2. 文化的表现形式

一种文化系统的内部往往呈现出不同的姿态。克鲁克和克拉克洪(1952)将文化分为外显文化和内隐文化。他们认为,只有真正理解了内隐文化才能理解文化的本质。

文化是一个大范畴,广义的文化包括人类改造过的自然或自然物和政治、经济、艺术、哲学、宗教、民俗、心理等社会生活的各个方面,它可以分为实物、风俗习惯和制度、思想产品和心理意识等多种层次。根据文化可以被广义地定义为某一特殊社会生活方式的整体,可以有罗马文化、阿拉伯文化、华夏文化等。① 同时,这一整体中的部分,因为能够体现该文化的特色也可以被称之为文化。

3. 文化的作用

(1)文化的社会作用

文化是一种精神力量,在人类认识世界、改造世界的过程中,文化可以转化为物质力量,对民族、社会的发展产生深刻的影响。先进的、健康的文化对社会发展产生推动作用,落后的、腐朽的文化对社会发展起着阻碍作用。

文化对人类与社会也有其他方面的功能。从广义上说,文化提供了人类社会用以维持自身系统的三大要素:结构(structure)、稳定(stability)与安全(safety)。从狭义而言,文化的功能在于提供给社会成员一个施展物理、心理与语言作用的情境,指一群人日常生活的环境。

(2)文化的教化作用

文化通过其中蕴含的知识体系、价值观念、思想信仰和行为规范等规范人们的行为,使人们有效地适应社会环境和社会关系,在行为上与社会要求保持一致,尤其是在思想信仰和价值观念方面与社会要求保持一致。

(3)文化对经济的作用

文化能凝聚人心、振奋精神、更新观念、开阔视野、提高素质,从而推动经济发展。

(4)文化对个人的作用

文化可以启蒙心智、认识社会、教化思想、愉悦身心、陶冶性情,获得精神上的满足和依靠。优秀文化能够丰富人的精神世界,培养健全的人格,引领人们前进,激发人们的精神力量,促进人的全面发展。

二、语言

在很多文化分类中,语言都是重要的成分。了解语言的内涵、功能等问题,有利于理解语言在交际中的作用,以及在语言教学中进行文化教学的必要性。

---

① 孙隆基. 中国文化的深层结构[M]. 北京:中信出版社,2015.

1. 语言的定义

美国语言学家 Sapir 认为，语言是人类所特有的、非本能地使用自发创作的符号沟通思想、表达情感和愿望的交际手段。Chomsky 在《句法结构》一书中指出：语言是一组(有限或无限的)句子，每个句子长度有限，并由有限的成分构成。虽然语言学家对语言的定义在表述上有区别，但都是从语言本质出发，大多数语言学家的观点是：语言是用于交际的符号系统。①

语言学家认为，语言是人类所特有的交流手段，动物虽然也有各式各样的沟通方式(气味、动作、声音等)，却无法与人类语言相比。我国古人也认为："人之所以为人者，言也。人而不能言，何以为人。"美国语言学家 Charles Hockett 提出人类语言不同于动物沟通方式的区别性特征，包括以下几点。

①语言的任意性，指符号与所指物之间的关系是任意的，即词素的音和义之间的组合是任意的，不是有意设计的。在索绪尔时期，语言学家们在语言的任意性特点上就达成了共识。

②语言结构二重性，指在语言研究中发现语言具有双重结构的特征。在语言的高级结构中，语言是有意义的最小单位的集合，如词素和词；在语言的低级结构中，语言是序列化的切分成分的排列，这些切分成分自身没有意义，但是可以组合成意义单位。在语言结构中，低级层次中的语音单位组成高级层次中的更大的单位，叫作结构二重性。

③创造性，指我们可以理解和创造本族语言中无限多的句子，而且包括那些从未听过的表述。语言的创造性和能产性来自语言的二重性，说话者能够结合各个语言单位形成无数的句子。不受时空限制，指语言既可以描述在场的事物，也可以描述不在场的事物；换言之，语言可以描述过去、现在、未来的真实的或想象的东西；语言甚至可以描述自身。

④文化传递性，指语言系统必须通过学习才能获得。尽管人类语言能力需要一定的生物基础，但语言不以生物基因方式传递。人们学习语言是文化现象，不是生物现象。

随着语言学研究的发展，语言的构成要素，如语音、句法、语意、语用等领域的研究都有了长足的进步，但是对于语言产生的研究还停留在假说阶段，如摹声说、感叹说、劳动叫喊说等。

劳动叫喊说认为语言起源于伴随劳动发出的叫喊。这种叫喊声演变为劳动号子，进而演变为原始语言。

然而，这些假说中可能创造出的词汇数量有限，不能概括人类语言的复杂现象。

2. 语言的功能

语言是交流的工具，所以语言的主要功能是交流。Jakobson 在著作《语言学和诗学》中定义了言语行为的 6 个要素：说话者、受话者、语境、信息、语码、接触，并在此基础上构建了

---

① [美]乔姆斯基. 句法结构[M]. 北京：中国科学出版社，1984.

语言功能框架。

Halliday 提出语言元功能理论，包括概念功能、人际功能和语篇功能。概念功能构建经验模型和逻辑关系；人际功能反映社会关系；语篇功能反映了语言和语境的关系。由于各种语言功能学说具有一定的重复性，胡壮麟总结了语言的 7 种主要功能。①

(1)信息功能

语言反映思维的内容，记载、记录信息，是语言的重要功能。Halliday 的概念功能是信息功能，语言为表达内容服务，内容是说话者自我意识的内部世界。

(2)人际功能

人际功能是语言的社会功能，人们建立并维持在社会中的身份地位。功能语法框架中的人际功能注重说话人和受话人的相互关系，以及在话语中表达的态度，即表明交际双方亲密程度的语气及称呼上的用词等。

(3)施为功能

语言的施为功能，即行事功能，指在正式场合中使用的仪式化的语言，其结果可能改变受话者的命运、社会地位等。例如：婚礼、宣判、祈福等场合中持有话语权的人所说的施为性语言。

(4)情感功能

情感功能既可以体现为改变受话者情感的表达，如赞扬、责骂等，也可以是说话者自我情感的表达，如表示懊恼、愤怒或感叹等。

(5)娱乐性功能

利用语言的音、意、节奏等进行游戏性质的表达和创作，如绕口令、儿歌、诗歌等，以语言的精妙与美来进行娱乐。

(6)元语言功能

语言学研究语言，同时用语言记载和描述研究的过程和成果，语言的这一功能叫作元语言功能。

三、交际

交际无所不在。每一天，每一刻，人们都在进行交际，只要有人存在的地方，就有交际发生。日常生活中交际的例子不胜枚举。婴儿一降生就开始啼哭，啼哭就是婴儿与外界交际的方式，它代表的含义可能是“我饿了”“我渴了”。交际，即使用符号和语言的能力，这种能力把人类与动物区分开来。交际是所有人类活动的基础。

---

① 胡壮麟，朱永生，张德禄，等. 系统功能语言学概论[M]. 北京：北京大学出版社，2017.

1. 交际及构成因素

交际(communication)这一概念与“共同”密切相关,即“共同”和“共享”是交际的前提。只有来自同一文化的人们才能在很多方面实现共享,才能进行有效的交际。可见,交际与文化是密不可分的,交际是文化的一部分。文化就是一系列我们要学习和共享的代码,学习和共享文化的过程需要交际。每一种文化对交际都有不同的理解,对交际的不同定义反映了不同文化价值观。

西方文化把交际看作是传递信息的过程,强调交际的工具性功能,他们认为达到个人的目的就是有效的交际。而东方文化则认为除了发送和接收信息外,交际更重要的目的是保持人际关系,他们往往认为保持人际关系比交换信息更重要。

交际的过程包括信息源、编码、信息、渠道、干扰、信息接受者、解码、信息接受者的反应、反馈以及语境十个要素。

(1)信息源

通常指具有交际需要和愿望的具体的人。信息源是消息的制造者。贾玉新指出,所谓需要就是指希望别人对自己作为个体而存在的认可,对自己思想的共享或改变别人态度和行为的社会需要;而愿望则是指试图与别人分享自己的内心世界的欲望。因为交际过程通常由一人以上参与,所以交际中通常有多个信息源共同存在。

(2)编码

交际过程中人们不能直接共享观念和思想,而必须通过符号的辅助。人们把思想付诸符号的形式表达出来,这个把思想转化成符号的过程即称为编码。人们表达同一思想的符号并不相同,往往受到文化的影响。人们的思想可以通过语言或非语言符号的形式表达。

(3)信息

信息是编码的结果。编码是行为,是动词;信息是结果,是名词。信息表达了信息源想要分享的想法和感受,是信息源内心所思的具体表现,它是交际个体在时空中某一特定时刻的心态的具体写照。信息可以通过语言或非语言符号表达出来,包括词汇、语法和思想的组织,外貌特征、动作、声音以及个人性格的某些方面。

(4)渠道

所谓渠道就是传递被编码的信息的途径。渠道是把信息源和信息接收者连接起来的物理手段或媒介。信息传递的手段多种多样:可以是书面形式的,如书信往来、书刊、报纸、告示等;可以是电子形式的,如电话、电视等;还可以是声波和光波形式的,如广播、录音、图片等。除了使用书籍、电影、录像带、电视机、电脑、广播、杂志、报纸、图片等信息传递的渠道,人们还通过味道、气味和触摸来传递信息,它们也是渠道。

(5)干扰

任何影响信息的因素统称为干扰。干扰又有很多种不同的形式,可以大致归为三类:外部干扰、内部干扰和语意干扰。外部干扰指分散人们对信息的注意力的声音、图像和其他刺激物。外部干扰来自环境中,阻止信息的接收,如你和朋友聊天,这时直升机从头上飞过,你们听不到彼此说话,马达的轰隆声就是外部干扰。内部干扰指干扰人们注意信息的思想和感受。内部干扰指信息的发出者或接收者的思想和感受没有集中在交际本身,而集中在其他的事情上,如上课时学生们饿了,想着午餐,而没有集中注意力听课。有时,人们的信仰和偏见也会成为内部干扰。语意干扰指信息源发出的信息符号包含多个意思而造成的干扰。

(6)信息接收者

信息接收者是接收并注意信息的人。信息接收者可以是有意图接收信息的,如他就是信息源意欲交际的对象;也可以是无意图的,如他恰巧听到了某个信息。交际通常是一个连续不断的、反复的过程,交际中人们通常既是信息源又是信息接收者。

(7)解码

解码是与编码相反的过程,也是一个对信息加工的心理活动。信息接收者积极地参与交际过程,赋予接收到的符号信息含义。

(8)信息接收者的反应

信息接收者的反应指信息接收者在解码后的行为。信息接收者的反应可以是对信息源的行为听而不闻,视而不见,不采取任何行动;也可以是采取了信息源所期待的行为,甚至可以是信息源不希望看到的行为。

(9)反馈

反馈是信息接收者反应的一部分,是被信息源接收到,并且被赋予含义的信息接收者的反应。不同的读者阅读同一本书后会有不同的反应,但是只有读者参与了某项调查,或者是给作者写信谈了自己的感受,反馈才发生。反馈对交际有十分重要的意义,交际者可以通过反馈来检验是否有效地传达和分享了信息,以便及时对自己的行为做出调整。一般来说,面对面的交谈中,交际者得到反馈的机会最多。

(10)语境

语境是交际中的最后一个组成部分。所谓语境,就是交际发生的场所和情景。语境可以是物理的、社会的和人际的。交际发生的语境能够帮助人们更加深入地了解交际。比如一旦人们了解了交际发生的物理语境,某种程度上就可以准确地预测将发生的交际。

2. 文化对交际的影响

语言是人们交际的重要手段,人们常常认为如果掌握了对方的语言就能够进行成功的交际。事实并非如此,文化在很大程度上影响了人们交际的方式。文化对交际的影响有两个方面，即对言语交际的影响和对非言语交际的影响。

(1)文化对言语交际的影响

文化对言语交际的影响体现在很多方面，前面我们已经讨论了文化对语言本身的影响，在此，主要集中探讨文化对交谈模式和交际风格的影响。

①文化对交谈模式的影响。文化对言语交际的影响首先体现在对交谈模式的影响。交谈是一种重要的交际方式，人们的交谈模式因为各自的文化不同而呈现差异。一旦人们掌握了某个文化的交谈模式，与人交谈就是一种快乐的体验。

②文化对交际风格的影响。拥有不同文化背景的人们在交际风格上也表现出明显差异，体现在下面两类交际风格中。

所谓直接交际风格，即交际中人们把自己的愿望或意图直接地表达出来。交际中人们更多的是依赖语言符号来传达信息。比如在美国，人们常使用“当然了”“没问题”“毫无疑问”等表达方式，来直接表达自己的观点，在交际中人们强调语言的准确性。一般来说，西方国家或低语境文化的国家，如美国、英国、德国及加拿大等，多采用直接的交际风格。

而间接交际风格指在交际中人们会有意识地隐藏自己的意图，或者通过间接的方式表达自己的意图。间接交际风格的特点是使用含蓄的、含糊不清的语言。交际中，人们更多的是依赖非语言符号来传达信息，人们不依赖“言传”而更多地依赖“意会”，人们对意义的理解很大程度上来自语境。而且，在间接交际风格的文化中，人们会尽量保全对方的面子，避免发生正面的冲突，以便保持良好的社会关系。一般来说，高语境文化，即受儒家文化影响较深的亚洲国家，如中国、日本、泰国及韩国等，倾向于使用间接交际风格。①

个人交际风格与语境交际风格，个人交际风格指在交际中人们强调交际者个人的身份。个人交际风格的文化通常在句子中使用第一人称代词。例如，在英语中只有一个第二人称代词 you。无论与朋友、陌生人还是与总统先生讲话，都可以使用 you 而不像汉语中使用“您”。美国人在交流中，一般比较随意，很少使用正式的称呼，最常用的词语是“you”和“I”。语境交际风格指在交际中人们强调角色和地位。社会语境决定了词汇的选择，尤其是代词的选择。例如，在泰国，人们在选择代词的形式时要考虑对方的地位和与自己熟悉的程度等因素。日本也是语境交际风格，其语言的特点是使用很多敬语。交谈中人们要根据自己的地位和对方的地位选择恰当的敬语形式。

(2)文化对非言语交际的影响

文化对交际的影响不仅体现在言语交际中，在非言语交际中也有所体现。非言语行为和文化一样都是代代相传和后天习得的，都是长期历史和文化沉淀而成的某一社会共同的习惯。非言语交际在交际中占有重要的地位，有研究表明，在面对面的交际中，信息的社会

---

① 姚喜明，曾桂娥，朱焱炜．全球化背景下的语言文化交流[M]．上海：上海大学出版社，2014.

内容只有35%是言语行为，其他都是通过非言语行为传递的。因此，了解不同文化在非言语行为方面的差异在跨文化交际中有十分重要的意义。文化对非言语交际的影响主要体现在以下几个方面。

①身势语行为。人们对动作和手势等符号赋予的意义呈现出文化的差异。同一个身势语动作在不同的文化中代表不同的含义。例如，"OK"这个手势，在美国表示"同意"等意思；在日本表示"钱"；在法国表示"零"或"没有价值"的意思；在巴西这是一个令人非常反感的动作。再如，点头这个动作，在大多数的文化中都代表"是"或"同意"的意思，也可以在打招呼中使用，而在阿尔巴尼亚和保加利亚则表示"不"或"不同意"。

表示同一个意思时，不同的文化会使用不同身势语动作，这再次验证了符号与其代表意义之间的任意性。例如，美国人和中国人竖起食指表示数字"1"，而欧洲的大部分国家则竖起拇指表示数字"1"。再如，不同的文化表示"再见"的手势也不同，在中国、意大利和哥伦比亚，再见时，人们手掌和手指随手腕前后摆动（与美国人表示"到这儿来"的手势一样）；而美国人则习惯左右摆动手掌和手指来表示"再见"。

②近体距离。每个人要求别人与自己保持一定的距离，称为近体距离。一旦别人与自己之间的距离超过允许的限度，人们就会觉得不安和紧张。不同文化背景下的人们对近体距离的要求有所不同。在英美文化中，交际时人们保持的近体距离比较大。在并肩同行时，英美国家的人们会保持三四尺的距离。异性中国人同行时也往往保持类似的距离；而同性中国人会离得很近。在乘坐电梯时，在空间允许的情况下，美国人尽量与其他乘客保持较远的距离；而即使在只有两名乘客的情况下，阿拉伯人也习惯性地站在另一名乘客的旁边。

③色彩学。不同文化的人们对色彩赋予的含义也有差异。例如，在美国，白色代表纯洁，白色是婚礼的主色调，新娘穿白色的婚纱；而白色在中国和日本则代表忧郁，是葬礼的主色调。再如，紫色在美国代表高贵和神秘，而在拉美国家紫色则代表死亡。再如，红色在美国等国家中代表浪漫和激情，在中国红色代表喜庆和吉祥，而在日本人们则忌讳红色，不用红色包装礼物。[①]

3. 交际的特点

交际是一个包含诸多因素的复杂过程，了解交际的特点能够帮助人们加深对这一复杂过程的理解。

(1)交际是动态变化的过程

交际是一个连续的不断变化的活动，而不是静止不变的。交际就像是一部动画片，而不是一幅图片。交际中人们说出的话语和做出的行为很快就被其他的话语和行为所取代。在

---

① 多萝西·孙.白路，译.色彩心理学[M].上海：上海三联书店，2017.

交际中，人们不断受到彼此发出的信息的影响，而且在交际过程中交际的各个构成要素之间彼此作用，所以交际处于不断的变化之中。

(2)交际是不可逆转的过程

一旦人们说了话，说出的话被别人听到并且赋予意义，我们就无法收回自己说出的话。交际一旦发生，就是一个完结的活动，就不能被收回，它是一个不可逆转的过程。

(3)交际具有符号性

符号是人们交际过程中传达和分享意义的媒介。交际中符号是人们思想的载体。符号可以是语言的或非语言的，它可以是任何一个代表意义的词语、行为和物体。制造符号是人类特有的能力，动物之间也进行交际，但它们的交际与人类不同，不是以符号为媒介。符号的使用具有主观性，不同文化背景的人们都使用符号，但是他们赋予符号不同的含义。

(4)交际是系统的过程

交际不是孤立地发生的，而是处于一个庞大的系统中。这个系统包括：交际发生的场景、场所、场合、时间和参与交际的人数。

交际发生的场所某种程度上也对人们的交际行为做出规定。在礼堂、饭店或是学校，你的交际行为会呈现不同的特点。人们的行为，可能是有意识的或是无意识的，是深深根植于所在的文化中的。

交际发生的场合也能够控制交际者的行为。人们都知道在礼堂中可能举行毕业典礼、话剧、舞蹈表演或者纪念活动。每一种场合都有其特定的行为模式，每一种文化所规定的行为模式又各不相同。

时间对交际的影响不明显，常常被忽视。任何交际都发生在一定的时间区间，如正式的演讲和一般的谈话持续时间的长度会不同。人们也用时间进行交际。例如，在美国人们就经常使用时间表和备忘录等，因而人们总能感到时间的压力。

交际中参与的人数也会影响交际的过程。当你与一个人讲话，或是在一群人面前讲话时，你的感受和行为也许有所不同。

(5)交际是自省的过程

人们不仅用符号来描述和思考发生在人们周围的事情，还用符号来反省自己的交际行为。这种特别的天赋使人们同时扮演着交际的参与者和交际的观察者两种角色。在交际的过程中，人们同时观察、评价和调整自己的交际行为。从这个意义上来说，交际是一个参与者自省的过程。例如，有些文化中人们更关注自己，在交际时，人们会花很多时间和精力观察自己，关注自己在交际中的表现。而有些文化中人们更加关注他人，交际中也会进行自省活动，但是他们会更多地关注他人而不是关注自己的表现。

(6)交际是交互式的过程

交际的交互性体现在交际中所有的参与者共同发挥作用，共同创造和保持意义。交际中，每时每刻人们都在同时发送和接收着信息。

交际有过去发生、现在发生和将来发生的区别。人们对某一情景的反应受到人们自身经验、情绪和期待的影响。例如，当我们很了解某人时，我们会根据我们过去的认识和经验对将要发生的交际做出预测。将来也会影响现在的交际，例如我们希望彼此的关系能够继续发展，就会自动地调节自己的言行，为将来能够实现自己的目的而做准备。

(7)交际发生在特定的语境中

所有的交际都发生在一定的语境中。交际发生的语境可以是物理的、社会的和人际关系的。

物理语境指交际实际发生的地点：室内的或户外的、拥挤的或安静的、公开的或私人的、寒冷的或炎热的、明亮的或黑暗的地点。

社会语境指交际发生的不同社会场合，如婚礼、葬礼、上课、看体育比赛。每一种社会场合都对人们的交际行为有不同的期待和规定。例如，在西方国家，婚礼上新娘穿白色的婚纱，其他的女宾不可以穿白色裙子，否则会被视为是不礼貌的行为。上课时学生要注意听讲，不能大声喧哗，而在看体育比赛时，大声呐喊为运动员加油就是得体的交际行为。

人际关系语境指交际中交际双方所处的社会关系。人们对处于不同的社会关系的人之间发生的交际行为有不同的期待。例如，即使是发生在课堂以外的师生之间的交际行为也会与发生在好朋友之间的交际行为截然不同。同样，发生在同事之间、家庭成员以及熟人之间的交际活动在话题的选择、说话的语气和态度等方面会各不相同。

第二节　文化与语言教学

语言教学在中国可谓历史悠久，古人学习四书五经，是希望使自己的语言精练犀利、富于思想。随着社会的进步与发展，国际交流的机会增多，掌握一门或几门外语已成为衡量人才的一个必要条件，外语教学也随之发展。早期的中国外语教学工作者对于外语教学理论的探讨并不重视。然而，经过时间的验证，人们发现单纯的学习语言不能满足跨文化交际的需要。语言是一种交流工具，学习语言的最终目的是为了交际，在真实交际中，仅掌握语言知识，即语法正确、语音标准是不够的，交际发生在语境中，很大程度受文化的影响和制约。

一、文化教学的目标与内涵

文化教学致力于传授人们交际或与外语教学有关的文化知识，也就是研究两种社会文化的相同和不同之处，使学生对文化差异有较高层次的敏感性，并把它用于交际中，从而达到成功交际的目的。文化意识和跨文化交际能力的培养需要教师的帮助和引导，需要在英语课堂教学过程中，把文化教学融合于语言教学的长期努力。传统意义上的文化教学是教授目的语国家的历史、地理、国家机构、文学艺术以及影响理解文学作品的背景知识。

文化教学不仅仅是讲授不同国家的文化现象或者传授给学生一些文化事实，还要培养他们的跨文化交际能力。如果学生只是死记硬背一些文化事实，往往会造成在跨文化交际过程中因循守旧、不擅变通的后果。因为文化不是一成不变的，只有真正掌握跨文化交际的原理和技巧，才能以不变应万变，达到得心应手地进行跨文化交际的目的，这才是文化教学的真正内涵。

二、文化在语言教学中的重要性

外语学习由几部分组成，包括语法能力、交际能力、语言的准确性和对本族文化及其他文化的态度转变。无论对于研究者还是普通外语学习者而言，文化能力，即有关风俗、习惯、信仰和意义系统的知识，毋庸置疑地应该成为外语学习不可分割的一部分，许多教师已经把文化教学作为一个教学目标融入语言课程中。在过去十年中已经受到足够重视的交际能力，强调的是“语境”的作用，认为在不同情境中交际者应该得体地运用语言。语境中蕴含着文化规则，发生在具体语境中的交际行为受文化的限制，所以想实现有效、得体的交际，要求交际者既了解语言的语法知识（语法能力），又能够解读语境中暗含的文化意义（交际能力或文化能力），两种能力相互补充形成交际能力。①

把语言仅仅当作一种符号，只学习语法规则无疑是一种错误的观念。在某种程度上，如果只对与语言有关的社会动态给予关注，而不能对社会和文化的结构有深远的洞察力，也可能导致跨文化交际中的误解。所以，外语学习就是外国文化的学习，在外语课堂中应该教授文化，这是毫无疑问的。值得争论的是“文化”的含义是什么，怎样才能将文化融入语言教学中。

文化语用失误比单纯的语言错误更容易在跨文化交际过程中造成不良影响。因为受话者很容易发现表面的语言错误，如语法错误、语音不准确等，这种错误一旦被发现，受话者充其量认为说话者缺乏足够的语言知识，可以谅解，甚至会对说话人敢于交谈的勇气表示钦佩。而对于文化方面的语用失误，受话者却不会像语法错误那样看待。如果一个能说一口流利外语的人出现语用失误，他很可能被认为缺乏礼貌或不友好。他在交际中的失误便不会被归咎于语言能力的缺乏，而会被看作粗鲁或敌意。所以，外语学习者在学习一门语言时不应忽视目的语文化。随着文化在语言习得中的重要性逐渐被肯定，语言教学研究者和工作者开始进一步探讨如何能够有效地在外语教学过程中渗透文化知识，于是就产生了“文化教学”这一概念。第二语言教学的目的主要是培养学生把语言作为交际工具来掌握。寓语言教学于文化背景的目的之一是发现并排除干扰语言交际的因素。不同文化层面上的语用失误贯穿于英语学习和使用的每个阶段，因此，不同阶段的语言教学应与不同层次的文化教

---

① 何声钟. 大学跨文化英语教学结构模式和实践模式[J]. 江西教育学院学报，2014.

学有机地结合起来，从而建立一个相应的文化认知系统，以使学生英语水平得到全面提高。

三、文化教学的原则

鉴于文化概念的复杂性和文化内容的广泛性，语言教学中添加文化教学内容或者渗透文化知识应该遵循一定的教学原则。

1. 实用性原则

所谓实用性是指文化教学应结合语言实际，由于文化是不断变化的，所以文化教学内容应是“共时”文化。文化教学过程中教师应尽量将文化背景知识具体化、形象化，避免过于抽象的讲解，否则学生会认为文化内容与日常交际脱钩，无实际应用价值。只有所学的文化内容与其在日常生活交流中所涉及的主要方面密切相关，才能激发学生学习英语的兴趣。

2. 阶段性原则

阶段性原则实际上就是要求文化教学的内容应遵循“由浅入深、循序渐进”的原则，学生的语言水平、接受能力因年龄而异，所以在文化教学内容的选择上应遵循“由简单到复杂，由现象到本质”的特点，先从表层文化入手，再逐渐渗透价值观念、宗教本质等深层文化。

3. 适度性原则

课堂所讲的文化知识点必须与课文内容密切相关。如果脱离课文讲文化则冲淡了语言教学的目标，其结果是既讲不好文化又教不好英语。文化是包罗万象的，内容广而杂，教师应鼓励学生自己进行大量课外阅读，增加文化积累，以培养学生自主学习的能力，使其终生受益。

四、文化教学的内容

实际上，文化教学应该贯穿于语言教学的每个阶段。语言教学既然最终以语用为目的，就必然涉及语言文化的教学。文化因素与语言形式的难易并不一定成正比，简单的语言形式也可能导致语用与文化方面的问题，教师在教学中要自始至终注意结合语用和文化因素，把语言形式置于社会语用功能的背景下进行教学，就能使语言知识富有生命力，使学生逐步提高跨文化交际能力。在教学中，我们应以系统性为原则让学生学到较为全面的文化知识，为培养学生的跨文化交际能力奠定扎实的基础。具体到课堂教学，文化教学可以概括为以下四点内容。

1. 教学中注重介绍词语的文化内涵

语言词汇是最明显的承载文化信息，反映人类社会文化生活的工具。词汇是语言的建筑材料，是理解文化的基础，也是学生在听力、阅读等方面的主要障碍。文化意义是指某一文化群体对一客体本身所做的主观评价，同一客体在不同文化的人中产生的联想意义不同。词语在文化上的差异是学好外语的一大障碍，因此，在词汇教学中要注意词语的文化意义在目标语和母语之间的对比。①

2. 文化背景知识

背景知识是语言文化的重要组成部分。研究表明，在阅读过程中，理解文章的关键在于正确地使用已有背景知识去填补文中一些非连续的空白，使文中其他信息连成统一体。例如英语语言国家的民族文化、社会行为模式、历史、地理等方面的知识是学生产生合理的推测和联想的基础，有助于其更好地理解文章的含义。

3. 教学中介绍英语的交际习惯和行为方式

文化制约着人们的一切行为，包括语言行为。不同文化背景有不同的语言习惯和行为方式，在教学中要注意培养学生对目标语与母语在交际习惯和行为方式差异方面的敏感性，提高学生跨文化交际能力。

例如，在日常交往中使用英语的国家的人喜欢谈论天气、地理位置等话题，而把年龄、工资、婚姻状况等作为禁忌的话题。中国人喜欢用“你吃了吗?”“去哪儿呀?”来打招呼寒暄，而英语中“Have you had your lunch?”(你吃了吗?)，则表示向对方发出邀请的意思。再如，中国在接受礼物时，习惯推辞几次才接受，当着客人的面打开礼物被认为是不礼貌的，而英语为母语的国家的人则习惯当场把礼物拆开，并且要赞美几句。教学中要让学生了解差异并以本族人的观点去理解目的语文化，使他们具备进行得体而有效的跨文化交际的能力。

4. 教学中比较价值观念和思维方式

在跨文化交流中，由于交际者双方都有各自的价值观念和思维方式，因此经常出现矛盾和冲突，导致跨文化交际难以顺利进行。价值观是任何社会和文化中的人们生活的准则，思维方式和道德标准是文化的核心内容。东西方截然不同的价值观赋予了两种语言以不同的文化内涵。中国文化强调集体主义、权利主义、人际关系和谐、人与自然的和谐等；而英语文化则重视个人主义、人人平等、坦率直言等。东西方主要文化模式的差异反映了不同的价值观。在教学中，要使学生了解中英两种语言在价值观念和思维方式上的异同，使学生能在交际中做出正确的预测，完成有效的跨文化交际。②

五、文化教学的模式

要有效地开展文化教学，首先必须找到行之有效的教学方案或方法。事实证明，教师不可能在讲每一个语言项目时都把与之相关的所有语用功能全部介绍给学生，这是违反认知规律的。目前我国外语教学的弊病之一就是教师不厌其烦，力求一次讲全、讲透。在介绍一

① 金虹.英语教学中跨文化交际能力培养研究[J].课程，教材，教法，2015.

② 付永钢，李天行.英语跨文化交际能力的调查与思考[J].外语与外语教学，2016.

个新语言项目时，往往以点带面，全面开花，字典搬家。应试教育和结构主义理论的影响更起了负面推动作用。交际法教学注重语言功能训练。具体语言形式的功能会随语境的变化而变化，使用中涉及很多相关的社会因素，只有逐步介绍、训练，循环往复，学生才能体会到不同语境中语义的差异并逐步掌握，进而形成语言能力。

将文化引入教学当中是一次由“传统”向“科学”改革的重要尝试。早期的语法翻译法在外语教学中的效率越来越受到语言教学者和教学研究者的质疑。语言学和心理学的发展别开生面地为语言教学提供了科学的理论根据。人们开始意识到语言本身和语言的使用情境是不可分割的，形式和意义应当在语言的使用过程中同时学习。

人类学和社会学的发展也为文化教学开辟了新的方向。第二次世界大战期间，受人类学和社会学领域内的进展影响，“地域学”在美国许多大学涌现出来。1940 年前后，西方工业国家的人类学家采用实地调查人种史的方法，对许多土著文化进行研究，得到许多惊人的发现。与此同时，社会学和社会心理学的进展速度也相当可观，其研究成果与人类学发现被一起应用到外语教学中的文化教学方面。

交际教学是在欧洲首先流行起来的，美国的“语言革命”对欧洲的语言教学产生了极大震动，如何发掘语言的功能和交际潜力成为语言学家们关注的焦点。欧洲共同体的形成也为交际教学在欧洲的发展推波助澜，20 世纪 60 年代中叶到 20 世纪 70 年代初期，随着各国相互依赖的关系日益强化，欧洲共同体的协同经济发展使就业机会大大增加，一些国家出现技术人员或劳工缺乏问题，便由吸引共同体内他国的移民来解决。怎样帮助移民劳工在新的文化环境中立足，在最短的时间内有效地掌握所在国的语言文化成为迫切需要解决的问题。于是在欧洲委员会的鼓励下，语言学家们开始研究一种语言学习系统。1972 年，著名英国语言学家 D. Wilkins 根据她对语言功能和语言交际的剖析，写出了影响深远的《意念大纲》，为外语教师提供了教学指导，使交际教学在欧洲开始盛行。

交际法虽然起源于欧洲，但很快就被北美和大洋洲接受，到了 20 世纪 70 年代已扩展到世界各地。与兼并式教学法相比，交际法中的“文化部分”不再是明显的文化知识的介绍和讲解，与目的语相关的文化教学是通过让学习者模拟外国人在交际中使用目的语来实施的，交际中的文化主要表现为语言行为。“文化作为行为”的观念自始至终体现在教学过程中。交际法强调了语言的社会功能，自然地将文化教学和语言教学连到了一起。语言和文化通过交际行为的自然融合，解决了人们对兼并式教学法中文化不一定需要用目的语讲解的疑问。

冷战的结束和全球化的来临使世界进入了一个前所未有的发展阶段。建立一种和谐的国际关系是经济和政治发展的共同需要。全球化使世界各国的文化在一个大环境下产生鲜明的对比，一些经济强国依赖高科技和先进的媒体使自己的文化为更多的人所认识和认可。但是，全球化并没有使人们放弃自己的民族文化身份，面对他国文化的同化与兼并，国际上要求对所有文化一视同仁的呼声越来越高。随着时代的进步，大多数国家推行了多元文化的政策，至少从理念和法律上承认各民族文化是平等的。

在理论上，后结构主义的兴起为文化的多元性做出了解释。与结构主义相反，后结构主义哲学反对固定的模式，提倡摒弃框架的禁锢，认为世界是多元的，怀疑绝对真理的存在，从而促进人们思想上的解放。这种对传统和习俗的批判解除了它们对教和学的束缚，使多元共存成为西方教育改革的一个潮流。

多元文化互动综合模式将培养学生解决问题的能力放在首位。这种以能力为本的教学将“知识”和“行为”有机地联系起来，反映出它们之间相辅相成的动态关系和发展机制。虽然该模式基于后结构主义理论，不强求统一的教学方法，但并不代表这一模式的文化教学可以毫无规矩。不同的国家有不同的国情和发展计划，有针对性地选择目的文化，将之与本族文化进行精辟的对比和研究，在教师的引导下，增加师生之间的互动，使学生在学习知识的同时增强交际能力，才是这一模式的本质。

六、文化教学策略

文化教学的有效实施离不开行之有效的文化教学策略的支持。目前，我国在文化教学方面的研究成果不多，陈申的《语言文化教学策略研究》一书系统地介绍了外语教学中文化教学策略。他在书中列举了以下常见的文化教学策略。

1. 文化讲座

文化讲座，指以班级为单位，以教师为中心，以演讲的方式直接向学生传授有关目的语和目的语使用的文化知识。适用于以下几种情况。

①教师向学生介绍文化新领域的可叙述或描述的知识，学生可以通过讲座掌握总体概况或基本概念的知识。

②教师讲解一系列可通过主题来分类归纳的相关文化事实，可以以系列文化讲座的形式来完成。

③在教师即将给学生布置有关文化学习的研究任务，或者需要解决某个问题之前，学生需要掌握的基础知识，可通过讲座来进行传授。

④某些具体的文化资料，学生自学和阅读十分困难时，文化讲座可以解决学生因理解困难造成的误解。

⑤当教师具备或拥有特别的教材，这些本身已为文化讲座的内容和教学铺平道路，教师在教学中实现教学相长，学生也从该教师的特殊教材中获益。

文化讲座使教师对课题顺序、时间掌握等方面有极大的控制权，所以能确定在教学完成时学生可获得的成果。文化讲座对班级的大小没有严格限制，以专题顺序组织的文化讲座有利于充分利用教师资源。从教师的角度来看，教师的文化讲座一般都会汇集最新的研究成果和最新的研究方法，以及其本人的学习心得与体会，所以能提供给学生许多宝贵的信息资源。从学生的角度来看，学生在听文化讲座时，其听、写和观察能力会得到训练与提高。

2. 文化参观

文化参观是以教师为辅，以学生为主体，在课堂时间或课外时间以某个文化专题为学习任务，以参加统一观摩活动的方式来实现预期的学习效果。适用于以下两种情况。

①某个文化教学单元结束以后，学生共同具备了有关专题的文化知识，就可以参观适合该专题的文化展览。

②当教师想要测试学生独立工作、综合分析文化知识的能力时，可安排学生参加文化展览并完成某个学习任务。

文化参观能够调动学生主观能动性，使他们能主动地观察、接触、研究、总结文化知识。文化参观一般都在比较宽松和非正式的环境中进行，娱乐性和趣味性较强。

文化参观比较适合作为一种辅助性的教学策略，而不能作为常规的教学策略使用。由于学习任务不明确，学生自主选择时间进行的文化参观会变成走过场，学习效果不明显。

3. 文化讨论

文化讨论是以班级为单位，教师为组织者，调动学生就某个专题开展有程序的、面对面的讨论，以解决实际问题或解答特定课题。

文化讨论需要一定的条件才能得以顺利开展。参加讨论的人必须要积极开口，乐意与人交谈而且乐于倾听别人的发言；参加讨论的人，应当提出至少两种以上不同意见，这样才能激发思考，各抒己见；作为一个集体，所有参加的人都应希望通过集体智慧加深自己对主题的理解。

组织文化讨论的目的是使学生通过交流加深对某种主题的了解，而不是劝说别人或与人争辩。在讨论中，教师是讨论的组织者和主持人，不应占用太多发言时间，学生应是主体，教师只在提示和纠正偏题现象时发言。

文化讨论适用于以下情况。

①当教师希望学生建立自己获取新知识的信心，并对他们自己的学习建立责任感的时候。

②当教师希望学生能充分发表自己的主见，对有关文化事实的不同假设和推断提出质疑和加以讨论的时候。

③当教师有目的地训练学生交际能力，文化讨论能提供给学生表达复杂概念的机会时。

④当教师希望学生了解对同样的文化事实可以用不同的方法分析，或从不同的角度和立场看待会有不同的结论时。

⑤当有必要建立学生的集体信念和合作精神时。

文化讨论有利于学生交际能力的培养，讨论的形式为学生提供锻炼语言表达能力的机会，以及倾听别人意见、尊重别人经验和学习成果的机会。文化讨论中教师提供的论题一般都是有争议的、没有定论的，所以学生必须从不同的角度考虑问题。这样，才能产生不同的意见、不同的方法和不同的结论。文化讨论有利于建立起平等的师生关系，学生间的互动性也较强。文化讨论要求学生和教师都必须做好充分准备，否则课堂上就会出现冷场现象。

4. 文化欣赏

文化欣赏是以班级为单位的教学活动，教师以主持人的身份组织学生根据预定的计划就某一文化专题或某一文化事件，代表个人或小组向全班做汇报式讲演。

文化欣赏可以采取不同的形式：可以是纳入教学大纲、按序列专题进行的演讲，例如将学生分成若干组，指定主题让其准备，然后在课堂开始或结束时由小组代表发言 10 分钟；也可以是随意的或即兴的文化欣赏，例如学生凭自己的兴趣选择题目，进行课堂演讲；或者是总结性的文化欣赏，即在文化专题学习之后，组织汇报演讲，以陈述为主。

文化欣赏增进了学生的主动性和教学中的灵活性，学生可以自主选择专题，在课堂上安排的时间也较灵活。学生轮流表演可以公平分配学生的表现机会和在课堂上所占的时间。学生的表演对学生间彼此交流和互相学习很有益处，同时，教师也会从学生的表演中获得新的经验。

文化欣赏对教师和学生提出了很高的要求。教师不能事先预知学生表演的内容，这就要求他们具备灵活应对课堂上会出现的问题的能力。另一方面，文化欣赏需要学生的积极配合，学生必须具有很高的积极性和很强的自主学习能力才能够顺利完成学习任务。

第三节　跨文化交际基本分析

一、跨文化交际

世界范围内的人类交际经历了五个阶段：语言的产生；文字的使用；印刷技术的发明；近百年交通工具的进步和通信手段的迅速发展；跨文化交际。随着交通工具和通信手段的发展，使得全球各种文化背景的人得以频繁交流和沟通，跨文化交际的重要性不言而喻。

中国学者将其翻译成汉语时，译为跨文化的交际、跨越文化的交际、文化间的交际、不同文化之间的交际、多文化交际、跨文化交际学、跨文化交流学、跨文化传播等。国内外学者都认同跨文化交际学的“多学科性、跨学科性、交叉学科性、边缘学科性”，与其相关的学科有人类学、社会学、传播学、心理学、语言学、哲学等，但是对跨文化交际存在着理解上的差异。

跨文化交际常被定义为“来自不同国家文化背景的人员之间的交际，很多学者将其限定为面对面的交际”。跨文化交际是一个符号的、解释的、相互影响的、与上下文有关的过程。在过程中，来自不同文化背景的人们创造出可分享的含义。当大量的和重大的文化差异导致不同的理解，并产生期望如何去更好地交际时，跨文化交际就出现了，跨文化交际正如其名所指，是有关不同文化之间的交际和不同文化背景的人员之间对意义归因的互动的、象征性的过程。

这里将跨文化交际定义为：具有不同文化背景的人员从事交际的过程，是文化认识和符号系统不同的人员之间的交际。这些不同的文化认识和符号系统足以改变交际事件。

如果把所有的、不同程度的交际都看成跨文化交际，那么，跨文化交际将囊括：跨种族交际、跨民族交际、同一主流文化内不同群体之间的交际，以及国际性的跨文化交际等。目前，国外的研究重点几乎放在各个维度上。在国内，认为研究的重点应集中在国际性的跨文化交际维度上。

二、跨文化交际的界定

文化和交流都依赖于一定的符号系统。交际是人们赖以生存、社会赖以活动、文化赖以传承和储存的重要机制。但交际会受到文化的影响，在相同的文化中，由于人们共用一套规则，文化可以成为交际的润滑剂，而在不同的文化中，特别是在差异很大的文化中，文化就会成为交际的障碍。那么，如何确定交际是同文化还是跨文化呢？

跨文化交际首先是一种交际，具有交际的一般特点（如符号的运用、信息的传送与共享），也遵循着一般交际的模式，但是跨文化交际同时又是一种较为特殊的交际，有着自己的特点和模式。

在交际过程中信息的发送者和接收者会根据各自所处文化的规则来进行编码、释码和解码。如果交际双方运用的是完全相同的一套规则系统，那么就是典型的同文化交流，如果交际双方运用的是完全不同的一套规则系统，就是典型的跨文化交际。但是，在现实生活中，真正的完全相同与完全不同的交际情况是没有的。也就是说，无论两种文化有多大的差异，它们之间总会有相同之处，这是交际的基础。同样，即使是处在同一种文化的两个交际者，他们运用规则进行编码、释码和解码的过程也不可能完全相同。从理论上讲，不同人的文化和社会背景、生活方式、教育背景、性格、爱好等方面都存在差异。从这个意义上说，一个人就是一个独特的微型文化，任何人与人的交际都是跨文化交际。文化的差别可能大到不同国籍、不同民族和不同的政治制度；也可能小到同一主流文化中的不同性别、不同年龄、不同社会阶层、不同教育背景，甚至是不同兴趣爱好之间的人们。

Richard E. Porter 和 Larry A. Samovar 曾以一个连续体的形式表明不同文化间的差异程度，很直观地表明了不同文化群体间不同程度的文化差异。如果把所有不同文化间的交际都看作跨文化交际，那么跨文化交际将包括：跨种族交际、跨民族交际、同一主流文化内不同群体间的交际、国际性的跨文化交际。

在我国，跨文化交际的重点主要集中于国际性的跨文化交际维度上。一般说来，跨文化交际都被定义为“来自不同文化国家的人们之间的交流”，而且许多学者也把这种交流限定在面对面交流的层面上。因此，这里的研究中所涉及的跨文化交际不包括国内同一主流文化内不同群体间的交际，而只包括国际性的跨文化交际。而在交际层面，其包括跨文化人际交往。

三、跨文化交际模式

许多学者针对跨文化交际的过程、性质、效果等提出了种种的模式。关世杰借鉴施拉姆的交流模式描述了跨文化交际的过程。他将跨文化交际的过程分为编码、通过渠道传递和解码的过程。但是编码和解码是在不同文化中进行的。根据关世杰的跨文化交际过程的模式，甲文化发送者将所要发送的信息依照甲文化码本和程序进行编码，通过信息渠道传送给乙文化接收者。乙文化接收者依照乙文化码本和程序对信息进行解码。由于文化的共性与差异，使得解码得到的信息意义与原信息意义既有重合也有改变。乙文化接收者基于这些信息形成意向或做出反应，并依据乙文化码本和程序将意向或反应编码，反馈给甲文化的发送者。可以看出，跨文化交际的过程是一个循环的过程，信息发送者和接收者的角色在不断互换。

关世杰和施拉姆都是传播学学者，所以他们所描绘的跨文化交际模式是从传播学的角度出发，强调交际过程，并未涉及跨文化交际的要素和结果。Carley H. Dodd 在他的跨文化交际模式中从文化学者的角度分析了跨文化交际的过程，Dodd 引入了“感知文化差异”的概念，将其作为跨文化研究中的重要因素。他认为有效的跨文化交际是因为交际者所掌握的“感知文化差异”(PCD)使他们对交际中可能会出现的“不确定性”和“紧张感”有了相应的适应；而固执和文化偏见则会导致文化交际的失败。在自己的跨文化交际模型中，他拓展了“感知文化差异”的概念和假设。他指出文化只是造成交际者差异的来源之一，并描述了 PCD 如何减少交际中的不确定性和紧张感；如何在多元化的环境中实现有效的交际。他在模型中提出了“C 文化”(即第三种文化)的概念，为交际建构了共同基础，提出了跨文化交际应该达到的效果。

从 Dodd 的模式中可以看出，文化并不是交际者差异的唯一来源。人际关系和性格也会影响“感知文化差异”。在跨文化交际中要认识到交际者的文化共性，也不能忽视个别差异。由于存在“感知文化差异”，在交际过程中容易产生不确定性和紧张感。如果交际者采用不当的交际策略，如过度依赖文化定型或者对不同文化的交际者采取退避、拒绝甚至敌对的态度，就容易造成交际的失败。但如果交际者能适当改变交际策略，以一种包容的态度对待不同文化背景的交际者，则有助于建立一种基于交际双方共同性基础上的第三种文化，即 C 文化。C 文化的建立使得交际双方能够在一定的基础上采取有效的交际策略，运用有关的交际知识和技能获得良好的交际效果。不同的学者对于跨文化交际提出了不同的模式，每种模式都可以为我们提供一种认识跨文化交际的视角。对跨文化交际能力的界定、交际过程的控制、交际策略的选取以及交际结果的评价都有一定的价值。

四、跨文化交际的有效性

不同文化背景的人之间常常发生着各种跨文化交际行为，交际双方有时是推心置腹的言语交谈，有时是唇枪舌剑的言语交锋，有时是表情手势的非言语交流。这些交际行为的效果往往是不一样的。信息的发出者和接收者进行的上述潜在过程要做到完全一样，即使是具有相同文化背景的两个人也几乎是不太可能的。因此，交际效果不是平常所说的是否理解了对方的意思和表达出了自己的意思，而是多大程度地分享了信息和多大程度地降低了误解。

交际过程中的编码、解码、信息发送者、信息接收者、渠道、噪音等都是影响交际效果的要素。在跨文化语境中，信息的发送者和接收者具有不同的文化背景，他们习惯了各自的认知、思维方式，其编码、解码的过程和方式也常带有各自文化的烙印。比如美国人直来直去的交际风格常常让习惯于含蓄委婉的中国人和日本人觉得不适应甚至难堪。

有效的交际指的是信息接收方在任何语境下能够理解信息发出方的意图并做出合适反馈的交际。当然，这种相互理解也只是相对的，我们可以把理解说成是最小化的误解交际的有效性与类似的意义诠释密切相关，即双方是否对同一信息做出了相当类似的解释。成功的交际就是双方做到相互理解，但相互理解并不是指双方意见达成一致。双方虽然做到了相互理解，但意见达成一致和保持分歧都是有可能的。不论是相互理解还是共同的意义赋予，都反映了交际者的交际能力。

交际中的误解是指双方对同一信息所做出的诠释不一样。这种误解虽然不能完全避免，但交际并非就此无法进行下去了。要做到有效的交际，一是要有"类似的意义诠释"。交际双方应该掌握对方语言，了解对方文化。若是精通对方的语言，能流利地与之用其本族语对话，比不太懂外语或要借助他人翻译的交际，效果通常会更好。古迪昆斯特曾说："我们侧耳倾听，推测被叙述的事情，然后应用社会背景知识，联想与之相关、可能发生的情况，之后做出对方到底是表达什么意图以及表示何种态度的判断。"在这一过程中，语言、文化知识的作用无疑举足轻重。二是要相互理解，既要力求"己所不欲，勿施于人"——同情（sympathy），也要尽量"人所不欲，勿施于人"——移情（empathy）。后者在跨文化交际中极为重要。与异文化的人打交道，也许你并不了解对方文化的价值观、思维模式、风俗习惯或是简单的好恶，但只要多站在对方的立场和角度，揣摩对方的意思就会容易得多，也能避免民族中心主义的倾向。

总之，有效的交际不是通常意义上"达到目的的交际"或"达成一致的沟通"，即使是一方拒绝了另一方的要求，但双方对对方的意图清楚无误，交际就是有效的。而要做到有效的交际或改善交际效果，最根本的就是要培养跨文化交际能力。

五、跨文化教育与多元文化教育

联合国教科文组织描述：多元文化，是人类社会文化多样的自然状态，它不仅指族裔的或者国家的文化元素，而且包括语言的、宗教的和社会经济的多样性；跨文化是一个动态概念，指的是文化群体之间的关系，它被定义为“不同文化的存在和公平的互动，以及通过对话和相互的尊重产生出共享的文化表达的可能性”。跨文化以多元文化为先决条件，产生于地方、地区、国家和国际层面上的“跨文化的”交换和对话。

多元文化教育是通过学习其他文化，以接纳或者至少容忍这些文化；跨文化教育的目的是超越被动的共存，在多元文化的社会通过创造不同文化群体间的理解、尊重和对话，获得一种发展的和可以承受的生活在一起的方式。跨文化教育不是简单地“附加”在普通课程上，它需要整体考虑学习环境，以及教育过程的其他方面。

1992 年，联合国教科文组织在国际教育大会上发布《教育对文化发展的贡献》，提出跨文化教育的目的是“减少各种形式的排外现象，促进融合以及学业成就，提升对文化多样性的尊重，提升对他者文化的理解，提升国际理解”，同时强调国际理解的教育建立在“了解文化身份的多样性和价值，无偏见地对待其他文化并尊重人类的差异”上。

联合国教科文组织将多元文化教育包含在跨文化教育中。跨文化强调不同文化之间的动态联系。多元文化指多种文化并存，多元文化并不一定是跨文化，因为很有可能各种文化并存而没有互动。跨文化则必定以多元文化为前提，没有多元文化就没有跨文化。

在研究和实践领域中，多元文化教育的概念，快速地转换为跨文化教育的概念。这一转变源于 20 世纪 80 年代对多元文化教育的双向打击。首先，民族主义者认为学校的实践和知识应该包含国家的知识并且只包含国家的语言、宗教、文化和价值观；其次，持更加多元角度和观念的人们，认为多元文化教育并没有足够直接地指向种族主义问题，而只是提供了一些象征性的对非主流文化知识的理解，将文化差异贬低为学习印第安人的圆形卷饼、印度的纱丽、特立尼达和多巴哥的钢鼓乐队。正是这种转向，为跨文化教育提供了一次新的起点。

第四节　跨文化交际能力分析

一、跨文化交际能力的相关含义

跨文化交际能力涉及文化、交际和能力等层面，其基础是交际和交际能力。英语中“交际”是“communication”，含义是通信、传达、信息（交换）、交通等；而汉语中“交际”指人与人之间的往来接触。现代交际学范畴内“交际”的定义是：人与人之间沟通信息的过程，即人们运用语言或非语言信息交换意见、传达思想、表达感情和需要的交流过程。交际能力是一种社交能力，而跨文化交际能力是在拥有这种基本社交能力的基础上，在其他文化背景下的有效交际能力。这里强调交际的“有效性”，是因为有效的交际才是跨文化交际能力的体现，否则，此人就不具备这种能力。

交际概念的表述方式有所不同，但其内核是一致的，相比之下，文化的概念难以界定，各学科是从不同的研究角度来定义的。从文化与交际的角度来看，文化具有以下特点：文化是可习得的，第二语言习得是发展另一语言系统，第二文化习得是对原有文化的扩张；文化是一套共享的认识体系，这一特点对文化和交流非常重要，因为有效的交际是基于主体间对事物的共同认识；文化影响行为，正因如此，不同文化背景下的主体对其他主体行为会产生反感；文化是一个群体或社团共有的，文化一般都会涉及大的群体而非小团体；文化是相对的，没有优、劣之分。

二、跨文化交际能力的内涵

语言学习理论研究的任务之一，就是揭示语言能力和语言交际能力的构成因素及形成过程，因为只有对语言能力和语言交际能力的构成因素和形成过程有了全面认识，才能在语言教学中更加自觉、更加有计划地培养学生的语言能力和语言交际能力。

1. 语言能力

语言能力是一种内化了的语言规则体系，包括语音、词汇、语法等，是人们所具有的语言知识。他把语言分为语言能力和语言行为，并且把两者对立起来。乔姆斯基的语言能力是基于对“理想的说话人”在“完全同类的言语群体”中的言语行为进行的研究，其“语言能力”包括语言知识和规则及语言的基本技能，他所认为的语言能力是人类先天就具有的内在心理机制。

关于语言存在结构系统和规则的观点在我国外语教学领域有着长期的、根深蒂固的影响。其所产生的语言结构系统知识、规则以及规范式语言为教学的语言输入和学习活动提供了必要的条件，但也存在明显的不足：此种语言理论只涉及语言系统本身或内部的内容，解决的只是语言形式问题，而未能解决语言的本质，即社会交际功能的问题。

2. 交际能力

何谓交际能力呢？《朗文语言教学及应用语言学辞典》对交际能力进行了解释：“（交际能力）指不仅能使用语法规则来组成语法正确的句子，而且知道何时何地向何人使用这些句子的能力。”交际能力包括以下四点。

①语言的词汇及语法知识。

②说话规则，如知道如何开始并结束谈话，不同言语活动中谈什么话题，不同场合对不同的人用什么称谓形式。

③掌握如何使用不同的言语行为，如请求、道歉、致谢和邀请，并对其做出反应。

④掌握如何适当地使用语言。如果想与别人进行交际，就必须注意社会场景、人物之间的关系及特定场合中可以使用语言的类型，还必须理解书面的或口头表达出来的句子在上下文中的意思。

交际能力这一概念是由美国社会语言学家戴尔·海姆斯于1972年首先提出的。他把“交际能力”概括为语言知识和对语言知识运用的能力。他曾经很直观地把交际能力说成是“在恰当的时候，在恰当的地方，用恰当的方式对人说恰当的话语”。在他看来，如果没有语言使用规则，语法规则就毫无用处。例如，人们知道情态动词“would”的使用规则，但不知道在社会交际情境中好友之间提出请求时不使用“would”要比使用“would”更加亲切。

戴尔·海姆斯对第二外语教学和研究的另一贡献是他提出的“文化干扰”理论，即个体与其他文化背景的交际对象沟通时，自身的文化背景对交际行为，包括语言使用的干扰，例如：一位刚上哈佛大学的中国学生李昊吃过午餐后在校园的路上碰见同班的美国同学John。李昊很友好地问John吃了饭没有，以示打招呼。这使美国同学误以为被邀请共进午餐。李昊在美国文化环境下按中国文化习俗对美国人打招呼，虽然使用的语言并没有语法错误，但是违反了美国文化的社会语用规则。这就是典型的文化干扰现象。戴尔·海姆斯交际能力观的核心是语言的得体性。按照海姆斯的交际能力理论，构成跨文化交际能力的要素是语言知识、社会语用知识以及交际技巧，没有涉及交际者情感方面的因素，如克服文化差异所带来的不良心理感受等，也没有涉及交际者对对方价值观、世界观等深层文化结构的理解。这不能不说是他的局限性。

美国社会语言学家拉波夫提出了一种与交际理论相关的会话风格理论。他从不同角度把社会语言因素引入语言交际的概念。

3. 跨文化交际能力

不难发现，语言能力和交际能力中都提及了两个要素：特定环境、有效得体。我们可以将跨文化交际能力定义为在特定环境中与来自其他文化成员进行得体、有效交际所需具备的能力，包括知识、意识与技能三方面的内容。

(1)特定环境

通常来说，能力指的是一系列的才能或者是有技巧的行为。然而，能力的判定却是随着标准的不同而不断改变的。在一种环境中被认为是有能力的行为，在另一种环境中完全有可能被认为是无能的表现。例如，在西方文化中说话直截了当的风格能够被广泛地接受，可能被认为是有能力的表现；而在中国文化中，说话直截了当则可能不被接受，甚至引起他人的不快，是缺乏交际能力的表现。所以，任何能力都不能孤立地判断，而是应该放在一定的环境中。

许多研究者曾经试图通过研究成功的跨文化交际者的性格特征来解释在跨文化交际中

所需具备的素质,如内外向、开放度、宽容度等。或许某些性格特征会在特定情况下对跨文化交际有所帮助,但是没有一种性格能够使交际者在所有交际情景中都游刃有余。即便交际者具备有利于跨文化交际的性格特征,也必须在特定环境中来考查其是否具备良好的跨文化交际能力。

(2)有效与得体

有能力的跨文化交际者能与其他文化成员进行有效得体的交际。所谓得体,是指交际行为合理、适当,符合特定文化、特定交际情境以及交际者之间特定关系对交际的预期;有效是指交际行为得到了预期的结果。有效是交际的结果,得体是交际的过程。交际者如果能达到交际目的,交际就基本成功了。但在达到目的的过程中,不同的人可能会运用不同的方式,有的得体,有的可能稍欠妥当。如果在达到有效的同时,又能够运用十分得体的方式,就是成功的交际。因此,一个具备良好交际能力的交际者既需要运用得体的方式进行交际,也需要达到交际的目的。

(3)知识、意识、技能

除了"特定环境"与"得体有效",Wiseman 定义中还提到了进行跨文化交际能力所必须具备的知识、意识和技能,但跨文化交际能力并不是与生俱来的,也不是偶然获得的,需要具备一定前提条件。语言、交际、文化的关系密不可分,语言教学的目的之一是使教学对象能够运用所学语言进行交际,即具有交际能力;文化影响语言和交际,所以教授语言的理想目标是使教学对象使用所学语言在目的语的文化语境中以符合对方文化习惯的方式交际,即培养学生进行跨文化交际的能力。

跨文化交际能力与交际能力的定义比较类似,但是跨文化交际能力除了强调交际的得体性和有效性以外,更强调交际者与所处文化环境的关系。与交际能力的定义相类似,跨文化交际能力的概念也历经了一些演变。文化教学(culture teaching)的目的从最初的"熟悉外国文化"变成了"培养文化意识",再到最后的"提高跨文化交际能力"。这三个层次是依次递进的关系。"熟悉外国文化"主要是指有关文化知识的传授;"培养文化意识"建立在掌握一定文化知识的基础上,并且已经触及对文化的观察力以及对待其他文化的态度;"提高跨文化交际能力"则是在具备"文化意识"以后,在实际交往中的行为与表现。这三个不同的层次正好对应了跨文化交际的三个方面:知识、技能、意识。

三、跨文化交际能力模式

中外很多学者从心理学、交际学和语言学等不同角度对跨文化交际模式进行了研究。《语境中的跨文化交际》从跨国公司外派人员工作能力需求出发,提出一种跨文化交际能力模式,包括知识因素、情感因素、心智活动特征和情境特征四个要素。他们认为知识因素是交际者对交际对象所在文化的认知。表现为交际者对目的文化价值观念、信仰、文化模式的了解;交际者还应掌握目的语文化的言语和非言语交际脚本。跨文化交际中的情感因素指交际者对待来自不同文化的交际对象和跨文化交际行为的态度——接近或疏远,其重要特点是对跨文化交际活动产生的焦虑,即因正在进行的或预期进行的跨文化交际活动而产生恐惧和焦虑心情。跨文化交际能力中的知识因素和情感因素相互支持、相互影响,跨文化交际知识越多,跨文化交际的心理压力越小,进行跨文化交际的动机越强;交际动机强烈,获得跨文化交际经验的机会多,积累的跨文化知识就会越来越多。跨文化交际能力中的心智活动因素是知识和情感因素的体现,内容包括言语和非言语表达以及角色扮演。言语表达指个体运用语言的能力。非言语表达指对对方文化肢体语言、时间语言、颜色语言、空间语言、辅助语言等非言语符号的认知。角色扮演指交际者了解目的文化对自己所扮演角色的期待,并根据自己的角色身份得体地使用言语和非言语符号,调整自己的行为模式,使自己的言行符合目的文化的要求,以适应不同文化对同一社会角色不同期望和要求的能力。跨文化交际能力的第四个因素是发生跨文化交际的真实语境。个体可能在某一语境中表现出较强的交际能力,而在其他语境中则无法应对自如,因此交际能力的大小依语境变化,影响跨文化交际能力的情境特征包括环境语境、预先接触、地位差别和第三方的干扰等。

我国学者贾玉新在分析西方学者跨文化交际能力模式的基础上,认为跨文化交际能力包括基本交际能力系统、情感与关系能力系统、情节能力系统和策略能力系统四类交际能力系统。基本交际能力系统包括语言和非语言行为能力、文化能力、相互交往能力和认知能力。情感关系能力系统包括情感能力和关系能力两个方面。情感能力主要指移情能力,即认同和理解别人的处境、感情和动机。情节能力的概念是针对语言多义现象和语境之间的关系提出的,情节是某一特定文化环境中典型的交往序列定势,具体情节中有一套独特的言语和非言语规则。策略能力系统是指交际者因语言能力问题或语用能力问题没有达到交际目的,而采取的补救措施或策略。贾玉新先生的跨文化交际能力模式没有简单地综述总结国外研究成果,而是重新组合,使之更加全面。

文秋芳认为,在外语教学中把外语水平等同于交际能力是不准确的。她认为,外语交际与母语交际有所不同,在外语交际中,交际双方往往存在文化差异,因此外语教学中仅仅培养学生的“交际能力”是不够的,还要使学生具有处理文化差异的能力,即应培养学生的“跨文化交际能力”。

胡文仲、高一虹(1997)指出,外语教学的目的可分三个层面:微观层面、中观层面和宏观层面。

在微观层面,外语教学的目的是培养学生的“语言能力”,包括语音、词汇、语法、篇章等语言知识和听、说、读、写、译等语言技能。在中观层面,外语教学的目的是培养学生的“交际能力”,主要是指语言交际能力的培养。在宏观层面,外语教学的目标是培养学生的“社会文化能力”,包括语言能力、语用能力和扬弃贯通能力,而扬弃贯通能力又包括了理解能力、评价能力和整合能力。

胡文仲、高一虹认为,所谓理解,是认知和情感因素共同作用的结果,是学习与体悟共同作用的结果。人们通常所说的“跨文化意识”便是对另一文化的理解能力。“评价能力”是对所接受的文化信息进行理性评判的能力。同时,他对自身的文化归属和由此可能产生的文化偏见有着清醒的意识。“整合能力”使学习者能够将新的文化信息与已知的文化图式相结合,成为自己人格中的一个有机整体。如果将“文化”当成是某种意义上的人的“精神食粮”,那么就不妨把“理解”当成“摄取”,把“评价”当成“消化”,把“整合”当成“吸收”。如果将社会文化能力的三个主要成分放到一个两头分别是“封闭型能力”和“开放性能力”的连续体上的话,社会文化能力三要素之间的关系就更加一目了然了。

“语言能力”基本上是一种“封闭能力”,可以达到“不可能学得更好”的顶点;“扬弃贯通能力”是典型的开放能力,因为文化是千姿百态、丰富多彩的,人们理解和评价的内容、方式和结果可能是因人而异的。对于一个外语学习者来说,社会文化能力的三个部分是相对独立而又互相联系、互相影响、互相补充的。只有完全具备了三种能力,学习者才能够通过文化学习使自己的人格主体变得更加完美,更加富有创造性。

从上述的分析我们可以看出贾玉新的跨文化交际能力模式更是包容万千;胡文仲、高一虹和文秋芳等为代表的中国学者从外语教学的角度出发对跨文化交际能力进行探讨,因而具有很强的针对性。文秋芳第一次明确区分交际能力和跨文化能力,是对以往交际能力模式的进一步补充和发展,而胡文仲、高一虹的“社会文化能力”概念更是一般意义上“跨文化交际能力”概念的扩展和深化,把外在的跨文化交际能力延伸至人们通过对母语文化和异文化的理解、评价和吸收而达到的内在人格的整合和完善。如果说传统的“跨文化交际能力”是“外语教学”的最终目标的话,那么,“社会文化能力”则是“外语教育”的最终目标,它将“跨文化交际能力”的提高与人的素质培养这一整体教育目标有机地结合起来,本研究从大学英语教学的角度研究跨文化交际能力,所以综合文秋芳和胡文仲、高一虹的跨文化交际能力模式的基础上,认为跨文化交际能力包括语言能力、语用能力和跨文化能力三部分。

四、影响跨文化交际的因素

布莱恩·斯比茨伯格和克拉姆西所描述的跨文化交际能力是指通过系统的外语和文化教学培养出来的理想化的跨文化交际者所具备的能力。然而,在经济和文化迅速全球化的今天,国际交往变得非常频繁和平常,跨文化交际不可避免,我们在短时间内还来不及培养出足够数量的跨文化交际人才。不少学者在现实生活中对外语学习者进行了观察以后发现,在跨文化语境中能与外国人进行无障碍交流的人甚少,绝大部分人的交际有效性和适宜性受到多种文化因素的影响。

1. 语言的局限性

不同文化的人之间进行交际的时候，首先遇到的问题就是语言中的文化障碍，尤其是双方不具有共同的语言的时候，语言中的文化障碍就变得非常明显。即便是互相具有共同的语言，双方文化不同，语言障碍仍然会在各个层面产生，这是因为词汇、发音、语义概念以及与语言相关的文化问题等多重因素的缘故。

2. 思维方式差异

各民族的思维习惯的形成都有赖于相应的文化环境。文化环境的主要因素有生产方式、历史传统、哲学思想和语言文字等。其中语言是感知和认识世界的重要手段，同时对语言的理解和掌握也是感知的重要部分。也就是说，一方面语言体现思维；另一方面，语言习得也是影响思维习惯形成的重要原因。心理语言学家认为，人类认知结构都是相同的，但是由于各民族生存的文化环境不同，使用的语言不同，其思维方式是有差异的。

语言哲学家们对这个问题很感兴趣：一个群体的世界观和精神活动在多大程度上依赖于或受制于其语言？认为语言的确影响其使用者的思维过程的理论被称为语言相对论。有些学者提出，不同的人有不同的语言是因为他们有不同的思维方式，他们有不同的思维方式是因为他们的语言为之提供了不同的表达方式。

象形文字是中国人形象思维突出的一个重要原因。汉字以形写意，形声一体，是平面文字。汉字很多字和字符的认知由图像识别开始，以图像的感知为基础，之后发展到汉字字意的认知阶段。而像英语这样的音素文字，其符号与意义没有直接联系，它通过声音间接地表达意义。从语言的表达习惯看，汉语是缺少严格意义上的形态变化的无标记语言（何兆熊、梅德明，1999）。汉语的词汇意蕴丰富，有时句法会给丰富的语义关系让步，主观性强。汉语不注重形式，句法结构不必完备，动词的作用没有英语动词那么突出，重意合轻分析。对汉语句子的理解一般要靠语言环境、说话人的心态以及文化背景等方面因素的整体把握和约定俗成，是“人治”。而英语形态较丰富，客观性强，这就使其语言有扎实的形式逻辑基础。英语高度形式化、逻辑化，句法结构严谨完备，是“法治”。英语的句子以动词为核心，其主干旁支结构分明，主从成分层次明晰，全句形式严谨，逻辑关系明显。中国人在习得汉语的过程中，受汉字符号特性的影响，形成了突出的形象思维习惯。而英美人士在英语习得过程中，受英语文字符号特性的影响，形成了逻辑思维优先的习惯。

3. 交际风格差异

交际风格是指人们在传递和接收信息时喜欢或习惯采用的方式。综合中外学者关于交际风格的研究，中美交际风格差异可概括为：直接与间接差异；线性与圆式差异；自信与谦卑差异；沉默寡言与侃侃而谈差异；详尽与简洁差异；人和任务为中心与关系和地位为中心差异。

一般来说,美国人在交际时倾向于直截了当,开门见山,一步一步,直奔主题;而中国人则习惯拐弯抹角,声东击西,兜圈子。中国人相信沉默是金,少说多听,言多必失,谈话时往往表现得非常谦卑,在谈到主题时经常是点到为止,简洁扼要;而美国人则崇尚自信,相信只有通过言语,进行详尽严密的交谈,才能达到交流和解决问题的目的。最后,美国人喜欢就事论事,不太注重社会文化因素和人际关系对交谈主题的影响;中国人则对交谈双方的地位关系非常敏感,所谓见什么人,说什么话。因此在中国文化中,人际交流的主要目的之一就是建立和促进两人之间的关系,交谈的内容也尽可能以有利于建立和谐的关系为原则。中美两种文化的交际风格差距很大,如果两国人民互不了解对方交际风格,交往过程中免不了文化冲突。美国人会觉得中国人不真诚,办事缺乏效率。中国人会觉得美国人自负、无礼。如果中美双方事先对交际风格差异有所了解,交际时有意识调整自己,定能取得良好的交际效果。

4. 价值观差异

价值观是指某一社会中或者某一文化中由人们的信仰、世界观、行为准则、认知模式、道德标准、处世态度等构成的一套系统,即价值观念系统。克鲁伯和克拉克洪提出的"内隐文化",其核心就是价值观。价值观是我们自身文化的一部分,是从小习得的结果,可以说我们的交际行为的深处存在有价值体系。价值观是文化的重要构成要素,与交际有着密切的关系,我们能够通过言语行为和非言语行为发现价值观。

5. 民族中心主义

民族中心主义这一术语源自认知心理学。它是指人们在交往过程中不知不觉地用自己的文化标准来判断他人的言行,认为那些不同于自己文化习俗的行为都是不好的。与之相反的概念是民族相对论。民族相对论思想是指对不同的价值观念、文化习俗和言语行为表示理解和宽容,并能够根据不同的交际对象和场合,调整自己的行为和判断标准。具有民族相对论思想的人相信文化之间只有相同和不同之说,无优劣之分,人们不能对不同文化进行好坏优劣的评判。里维因和坎贝尔认为民族中心主义思想是人的本质。心理学研究显示,人人都有民族中心主义的倾向,其影响具有两面性:一方面,它在一定程度上能促进民族团结和社会进步;另一方面,它又构成跨文化交际的一大障碍,因为它将一个文化群体的人们聚集到一起,而排斥另一个文化群体的人们,这种状况很不利于文化交流。其次,民族中心主义崇尚自己的价值观和信仰,蔑视其他价值观和信仰。民族中心主义会导致不信任、冲突甚至敌意,从而影响跨文化交际的顺利进行。所以,跨文化外语教学的任务之一就是帮助人们认识民族中心主义思想的存在和负面影响,培养民族相对论思想。

第五节　跨文化交际学概念

跨文化交际学指的是不同文化背景的人与人之间进行的交际。跨文化交际是一种普遍、长期存在的现象。作为一门学科，跨文化交际学的历史是短暂的；但作为一种社会现象和发展过程，它与人类的历史一样悠久，可追溯到原始部落期。这门20世纪六七十年代在美国兴起的学科，虽然理论构架还不够完善，但越来越多地吸引各学科领域学者们的普遍关注。近年来，跨文化交际学已成为我国外语教学界研究的一个热门课题。语言教师对之表现出兴趣，反映了时代的变化和要求，这是经济全球化掀起的浪潮和国际交流合作及竞争日益激烈的必然结果。社会对外语人才的要求不仅是数量上的，更重要的是在质量上。大家意识到仅仅注重语言能力教育已远远不能满足现代社会的需求，跨文化交际学的兴起促使了人们从跨文化交际的角度对外语教学进行深入思考。

一、跨文化交际学的定义

跨文化交际学到底是一门什么样的课程？贾玉新认为，跨文化交际学是以运用众多相关学科的理论研究成果为基础，揭示不同文化的人们在交际时会发生什么，怎么发生的，为什么发生，产生什么后果，以及如何解决和避免交际障碍和文化冲突，以达到有效的交际(1997)。跨文化交际学研究具有不同文化背景的人们在各类交际活动中涉及文化的种种问题(戚雨村，1994)。跨文化交际学是在普通交际学的交际论的基础上，博采众长，吸收众多相邻学科的理论和成果，发展起来的一门交叉学科。这门学科以科学的理论和大量事实揭示跨文化交际这一动态多变的过程，探索它的本质和规律，以及影响它们众多社会文化、心理、环境、情景等因素，以演绎的方法探索交际行为、编译码过程、交际方式、语篇结构等方面与其底层文化的关系。这门学科还在文化对比的基础上，以大量的数据和事实让读者明了不同文化在交际过程中可能产生的各种文化差异，发展人们对文化差异的高度敏感性。当然，本学科研究的宗旨在于通过比较、追本溯源，以及理论分析使人们达到有效的交际。

二、跨文化交际教学的重要性

跨文化交际的研究，可以拓宽语言研究的领域，把视野转向广阔的文化层面。语言和文化是密不可分的，语言既是文化的载体，又是文化的一个重要组成部分。语言的应用受到文化体系的影响和制约。因此，要掌握两种语言，必须掌握两种文化。只有跨越目的语国家的文化障碍，才能做到交际的得体与妥当。反之，就会因语义、语用及思维习惯和文化习惯的差异在交际中出现失误。外语教学的一个主要目标就是培养学生的跨文化交际能力。因此将语言研究和跨文化研究有机地结合起来，不仅理论上必要，而且也是对外语教学实践性原则的延伸。跨文化交际与外语教学密不可分，这是因为外语教学不仅传授语言知识，更重要的是要培养学生的交际能力，培养他们应用外语进行跨文化交际的能力。近年来，随着改革开放步伐的加快，对外交往日益频繁，国与国之间的交流也越来越广泛，社会上对大学毕业生的英语运用能力提出了更高的要求。然而，在这些方面，我们的外语教育却明显滞后。一方面，普遍的应试教育带来了相当大的负面影响；另一方面，传统的外语教育观还深深地束缚着教师的思想。

跨文化交际并不是一个简单的过程，仅仅学会一门外语的语音、语法规则和掌握一定量的词汇并不意味着能顺利地进行交际。在跨文化交际中，交际的双方若不能进入同一文化背景之中，就容易产生误解，甚至直接导致交际失败。正如托马斯（Thomas）所指出的“语法错误从表层上就能看出，受话者很容易发现这种错误。这种错误一旦发现，受话者便会认为说话者缺乏足够的语言知识，因此可以谅解。语用失误却不会像语法失误一样被看待。”因此，研究跨文化教学以及探索培养学生跨文化交际能力的途径，对提高大学生英语交际水平，适应未来社会对外语人才的需求是极其重要的。语言交际教学法的语言理论基础是：它把语言当成是交际。既然语言是交际的一种手段，那么教师就有责任提高学生的跨文化意识，培养其跨文化交际能力，让学生在学习语言基本知识的基础上，学会了解目的语国家的文化背景、风土人情、价值观念和生活方式，达到对其了如指掌、运用自如的目的。所以我们在大学英语课堂教学中应该采取必要的提高学生跨文化交际能力的教学手段。①

英语教学的一个重要目的就是提高学生的跨文化交际能力，即与不同文化背景的人进行交流。全面地提高英语教学的效率和质量，提高学生的英语应用能力，这是大学英语教学的一项紧迫任务。为了实现这个目标，需要大学英语教师的共同努力。我们的外语教学应紧跟世界教育的发展方向，为培养出具有跨文化交际素质的人才而不断努力。

三、跨文化交际学国内外发展及现状

欧美各国政治、经济、文化交流频繁，外语教学起步较早，最早教授的语种包括拉丁语、希腊语等。随着西方语言学研究的兴起和发展，跨文化交际学研究也随之发展，新理论、新流派不断涌现。中国的跨文化交际研究起步较晚，研究层次基本停留在学习、引进国外理论的层面，没有提出推进整体跨文化交际理论层次的新观点。但随着改革开放和经济贸易的突飞猛进，跨文化交际能力正在成为新世纪人才不可或缺的一项基本能力。

1. 跨文化交际学在美国

跨文化交际研究是在美国新兴的领域。人们普遍把霍尔（1959）的《无声的语言》视为跨文化交际学的开端。1959 年，美国文化人类学家爱德华·霍尔的经典著作《无声的语言》出版，该书中首次使用了跨文化交际一词。从某种角度来讲，该书的出版标志着跨文化交际学的诞生。此后，20 世纪 60 年代陆续又有一些有关跨文化交际的著作问世。与此同时，美国一些大学开始开设跨文化交际学课程。就跨文化交际学在学术领域的地位而言，1970 年是

---

① 王小清. 高校英语教学中学生跨文化交际能力的培养策略[J]. 山东社会科学，2015.

最具有重要意义的一年。在这一年,国际传播学会承认跨文化交际学是传播学的一个分支,在学会下面成立了跨文化交际学分会。国际传播学会确定1970年年会的主题为"跨文化交际与跨国交际"。此后,各大学传播学系、教育系纷纷设立跨文化交际学方面的课程。1972年,第一届跨文化交际学国际会议在日本东京举行。1974年跨文化教育训练与研究学会在美国马里兰州召开首届会议,正式宣布成立。这是跨文化交际学方面最具有影响的一个组织,目前已经发展成为了国际性组织,在欧洲设立了分会,且创办了《国际跨文化交流年刊》。1977年,在全美国有450多个教育机构教授"跨文化交际"的课程,有的大学还颁发跨文化交际学的硕士、博士学位。

2. 跨文化交际学在欧洲

跨文化交际学在欧洲发展得比较晚,影响也比美国小得多,而且具有不同的传统。国际跨文化教育训练与研究学会在欧洲的分支已经存在多年,开过多次会议。除此之外,还有另一个研究跨文化交际的组织在北欧活动。尽管在英国开设跨文化交际学课程的大学比较少,这并不是说英国学者对于跨文化交际方面的问题不予注意。总的来说,在欧洲,跨文化交际学与语言学的联系更紧密。

3. 跨文化交际学在中国

跨文化交际学的兴起是近30年的事。随着中国加入WTO,以及同世界各国经济技术合作的日益增多,人才市场对具有跨文化交际能力的外语人才的需求呈不断上升趋势。中国外语教育界已经把注意力从20世纪50年代的重视语言知识的传授和掌握过渡到语言知识与语言技能(交际能力)并重,即综合语言运用能力上。

20世纪80年代初,跨文化交际学由外语教学界引入国内,研究重点在于外语教学中的跨文化差异以及语言与文化的关系。学术界一般认为,许国璋于1980年在《现代外语》第4期上发表的文章标志着跨文化交际学在中国的诞生。他提出在不同的语言中表面上对等的词汇实际上在文化内涵上并不相等。此后交际教学在外语教学中逐步推广,使得人们认识到学习外语必须结合文化。只注重语言的形式,而不注意语言的内涵是学不好外语的。从20世纪80年代中叶开始,北京外国语大学、北京大学、首都师范大学外国语学院等大专院校相继开设跨文化交际学的课程,从1981年至2001年,我国学者对跨文化交际学的研究兴趣越来越浓厚,发表了近300篇研究论文,出版专著20余部。从已发表的著作和论文来看,我国学者的研究集中于以下几个方面:语言与交际的关系;非语言交际;中西习俗比较;中西经营管理模式比较;民性研究。国内学者对于跨文化交际学的理论与研究方法也有一些见解,但是总的来说,这方面论著较少。

四、跨文化交际研究视角

20世纪80年代后期,跨文化交际研究出现了从"盎格鲁为中心"到"多中心"的模式转型。在20世纪六七十年代，许多有影响力的交际研究都发生在美国中西部地区的大学。20世纪80年代末，美国在交际上的研究成果特别丰厚，也是从那时开始，其他地区学者开始致力于这方面的研究。美国的传统研究模式促进了之后新观点和新交际模式的形成。研究文化和跨文化交际主要可以从以下四个角度入手。

1. 社会心理学视角

从社会信息学视角出发，很多学者提供了一个理解跨文化交际的动态性途径和从文化对比的角度来理解交际的新思路。在20世纪80年代和90年代初，这些学者将人际沟通的理论和框架用于分析跨文化语境下的交际。

对传统交际理论研究的主要批评在于这些理论往往存在隐晦的民族中心主义和父权社会特征，并且在分类模式上过于简化，以至于导向文化定势。这些跨文化交际研究不承认个人在文化方面的创造力，以至于使跨文化研究成为了不断发展的“生态谬论”。这种研究方法的目的是确定和解释交际上的文化差异，并预测未来的交际情况，这是因为这些跨文化交际研究是基于如下假设：①有一个可描述的、外部的现实；②人类行为是可预见的；③文化是一个可以测量的变量。

2. 批评的视角

这是一种超理论方法，其中包括阐释视角中的许多假设，但侧重于宏观的背景，如影响交际的政治和社会结构因素等。学者关注语境（包括社会历史语境和社会中权力、压迫、解放等思想意识）可能对我们跨文化互动产生的影响。这种方法承认种族、阶级、性别这些分歧会影响某一身份说话人的表达，从而限制文化多样性的思想意识。自我反思是这种方法提出的另一个关注点。

3. 阐释的视角

这是一个挑战跨文化的定义和意识形态性质的崭新的研究角度。支持这种方法的学者认为有必要认识到交际中主体的复杂性，而不是采取目前似乎正流行的典型的简化过程的研究方法。他们认为最主流的跨文化交际研究，像人际沟通研究一样，跨文化的互动也不应被当成一成不变的，而应作为一个生活快照存在。在现实中，关系是一种复杂的过程，只有这样研究才是不偏颇的。每个人都受周围文化和亚文化的影响。个人的社会身份代表不同文化边界（国家、组织、工作、家庭等）的融合，正是这些身份的融合共同创造了一个人的整体文化。

第二章 跨文化交际概论

跨文化交际是不同文化背景的人们之间的交流。20 世纪以来，随着科技的发展和全球化的深入，跨文化交际已经成为人类社会生活不可缺少的一部分，对跨文化交际的研究也成为年轻而有活力的学科。跨文化交际与汉语国际教育密切相关，汉语国际教育本质上是一种跨文化的活动。具备能进行有效而得体交际的跨文化交际能力和培养学习者跨文化交际能力的教学能力是英语教师应有的基本素质。在这一章中，我们主要讨论的内容有：①学习跨文化交际的必要性，跨文化交际的定义、特点；②跨文化交际学的历史、理论基础、内容和研究方法；③跨文化交际与汉语国际教育的关系，汉语教师应具备的跨文化交际能力和教学能力。

第一节 跨文化交际

一、为什么要学习跨文化交际

作为人类的一种社会活动，跨文化交际由来已久。人类从远古时代就开始了跨文化的交流。一国之内不同种族之间的战争与通婚，人们到全球各地的经商、传教和探险都是在进行跨文化的交流。中国古代“丝绸之路”的开辟、佛教的传入、郑和下西洋以及近代的“西学东渐”和“五四”运动时期广泛吸收西方文化，都是跨文化交流的突出例子。但是在过去漫长的历史中，大多数人生活在有限的空间内，跨文化交流并不是普遍的现象。人类频繁而大规模地进行跨文化的交流只是近几十年发生的事情，特别是进入 21 世纪以来，跨文化交际更成为人们生活中不可或缺的一部分。新世纪如此广泛而深入的跨文化交际主要是受到以下因素的影响。

1. 交通和通信技术的发展

科学技术的进步改变了人类交往的方式和频率。特别是近几十年来，交通工具的发达和通信技术的发展大大缩短了人们之间的时空距离。各种交通工具如飞机、火车、汽车的方便和快捷使人们到不同国家和地区进行政治、经济、文化活动和旅游观光成为很平常的事情，这样，人们与不同文化背景的人或事接触的频率便大大提高了。而通信技术的发展，无论是卫星电视还是电脑网络，都把世界各地所发生的事情几乎是同步地展现在人们面前，让人们足不出户就能知道世界各地发生的新闻，同时了解生活在不同文化环境中的人们的生活方式。而 E-mail、Skype、Facebook、Twitter 等网络工具的普遍使用使远距离的人们也能方便地进行交流，提高了不同文化的人们之间交流的便利性。总之，科学技术的发展使跨文化交际成为人们日常生活的一部分，如何有效地进行跨文化交际成为人们普遍面对的问题。

2. 经济的全球化

经济的发展向来是影响人们生活方式和交往方式的非常重要的因素。跨文化交际的发展与目前经济的全球化有很大关系。经济全球化的最主要特征是全球经济的互相关联和互相依存，每个国家的经济发展越来越依赖国际大环境和地区间的合作与互补。遍布世界各地的跨国公司、合资公司、合作项目的存在，促成了不同文化背景的人们在工作环境中进行跨文化的交流。为了提高工作效率，员工需要学会与不同文化背景的上司、同事和客户进行有效交流的方式。而公司也必须了解来自不同文化背景的客户的特点和需求，有针对性地开展商务活动。例如，现在西方国家的许多商店就专门雇用懂汉语和中国文化的职员为中国游客提供服务。由此可见，全球化的经济活动促进了跨文化交流的深入和广泛发展。

3. 人口的流动

世界范围内的人口流动是促进跨文化交流的另一个原因。人们由于各种原因，如为了躲避战争或出于经济等原因而移民到别的国家。人口的流动使接受移民的国家形成了文化的多元化格局。如何适应新的国家的文化环境，如何尽快融入其主流文化，如何与不同文化背景的人们和谐相处，是移民面临的现实问题。而如何化解不同文化背景的人们之间的误解和冲突也是移民国家的政府面临的挑战。特别是像美国、加拿大、澳大利亚等移民国家，人口结构的多元化使跨文化交流成为个人和政府都关注的问题，这也是跨文化交际学科在美国兴起和发展的原因之一。

4. 广泛的国际交流与合作

当前国际间的文化交流日益频繁。很多人到别的国家旅游、留学或从事各种形式的文化交流活动。中国的汉语教师到海外任教，中国学生到海外留学，外国人在中国学习汉语和中国文化，都是国际间文化和教育交流的例子。这些文化的旅居者到别的国家并不是以移民为目的，也没有融入当地主流文化的迫切需要。但是他们需要适应新的文化环境，与当地人进行有效的沟通，建立良好的人际关系。他们在新的环境中常常会由于语言和文化的不同而产生心理上的不适或者交际上的障碍，感受到“文化休克”。如何在短期内适应新的文化环境，提高跨文化交际能力，就成为这些旅居者所面临的重要课题。另外，面对全球变暖、环境恶化、恐怖主义、区域性领土争端等世界性难题，不同国家和文化的人们需要进行广泛而深入的对话与合作。不同文化背景的人们具有国际化的视野、开放而宽容的态度和良好的跨文化沟通技能，才能让这个世界变得更和平、更美好。

二、什么是跨文化交际

跨文化交际既是指一种人类的社会活动，也是指一门研究跨文化交际活动的学科。在这里，我们首先分析跨文化交际作为一种社会活动的特点。

什么是跨文化交际？首先我们需要给它下个定义。以下是几个比较常用的有关跨文化交际的定义。

①跨文化交际是指那些其文化观念和符号系统的不同足以改变交际事件的人们之间的交流。(Samovar et al.，2010)

②跨文化交际是一种交流性的和象征性的过程，涉及来自不同文化背景的人们之间的意义归因。(Gudykunst&Kim，2003)

③跨文化交际就是不同背景的人们之间的交际[①]。(胡文仲，1999)

④跨文化交际是来自不同文化背景的人们之间符号性交流的过程。有效的跨文化交际的目标是在交互的情境中给不同的个体创造共享的意义。(Ting. Toomey，1999)

以上这几个跨文化交际的定义中，以胡文仲的定义最为简洁，以 Ting. Toomey 的定义最为全面。以上的定义归纳了跨文化交际的几个重要特点：跨文化交际是不同文化背景的人们之间的交流；跨文化交际是通过象征符号来实现的；跨文化交际是一种动态的过程；跨文化交际是一种双向的互动；跨文化交际的目标是创建共享的意义。

跨文化交际是不同文化背景的人们之间的交际。这里的跨文化交际实际上包含着两个层面：一个层面是指不同国家和不同民族的人们之间的交际，例如中国人与日本人、美国人、阿拉伯人之间的交际是跨文化交际；另一个层面是指同一个国家或民族中，不同性别、年龄、职业、地域的人们之间的交际，这也是跨文化的交际。例如男性和女性之间的交往就可以被看作是一种跨文化的交往，美国社会语言学家 Tannen 写了一部《你就是不明白》(You Just Don't Understand 的书，专门探讨男女之间交际的特点并分析误解产生的原因。她认为男性侧重信息传递而女性侧重建立和谐关系的特点使男女之间的交际存在着很多误解。在中国，南方人与北方人，城市白领与进城民工，老年人与青年人之间的交际其实也都构成了跨文化的交际。美国不同族裔的人们之间的交流也是跨文化的交际。胡文仲(1999)认为，在某种意义上，不同人群之间的交往都是跨文化交际。

三、跨文化交际的特点

1. 跨文化交际主要指人与人之间面对面的交际

虽然跨文化的交流包括国家之间的交流、组织之间的交流和人与人之间的交流，但是跨

---

① 胡文仲. 跨文化交际能力在外语教学中如何定位. [J]外语界，2014.

文化交际更多地侧重人际交流的层面，特别是人与人之间面对面的交流。Bennett(1998)就强调指出，跨文化交际主要是指不同文化背景的人们面对面的交流。面对面的交流既包括了语言交际也包括了非语言交际，而且是一种双向交流和互动的过程。这也是为什么早期的跨文化交际研究特别关注非语言交际，而不太关注大众传媒的原因。因为传统的大众传媒是一种单向的交流，是传播与接受的关系，缺少面对面交流的互动性。

2. 跨文化交际中涉及很多差异性

跨文化交际是不同文化背景的人们之间的交往，因此涉及了许多差异性。陈国明(2009)指出跨文化交际的特点之一就是差异性。跨文化交际涉及了深层文化，如文化传统、价值观、信仰、态度等方面的差异，也涉及了行为方式和习俗方面，如手势、衣着、语言使用的差异。另外，跨文化交际还涉及个人文化身份和社会角色方面的差异，如性别、年龄、职业、地域等方面的不同。这些存在差异的因素相互作用，影响了跨文化交流的过程和结果。当一位中国的中年女教师与一位英美文化中的高中男生进行跨文化交际时，不仅涉及了在宗教信仰、价值观、交往方式等方面的差异，而且还涉及性别、年龄、社会角色、个性等方面的差异。

3. 跨文化交际容易引起冲突

由于语言、交际风格、非语言行为、思维模式、社会准则、价值观等方面的差异，跨文化交际很容易产生误解和冲突。陈国明(2009)认为差异性是导致跨文化交际出现冲突的主要原因。Cushner 与 Brislin(1996)举了个例子，一个美国女学生出于好意把泰国同屋洗干净的内衣和袜子叠放在她的枕头上，结果这个泰国女生觉得受到了侮辱，一定要搬离宿舍，因为在泰国人看来，头部是神圣不可侵犯的，把内衣和袜子放在枕头上是一种冒犯。

4. 跨文化交际的误解和冲突大多属于"善意的冲突"

虽然跨文化交际充满了冲突性，但是许多冲突往往不是出于人们恶意的动机，而是来源于人们良好的愿望。在自己文化中得体而礼貌的行为到了另一种文化中却成了无礼的举动，善良的意图却产生了意想不到的误解和不愉快。Brislin(2000)把这样的误解叫作"善意的冲突"(well-meaning clash)。例如，接受批评时直视老师的眼睛被西方学生看作礼貌的行为，但是这种行为在中国文化中却是一种不尊重老师的表现。跨文化交际中的大多数误解和冲突都属于这种"善意的冲突"，而不是人们有意地伤害别人。

5. 跨文化交际常常引起情感上的强烈反应

跨文化交际是一种很容易造成心理紧张的活动。人们经常提到的"文化休克"就是形容在跨文化交际中产生的心理反应。由于跨文化交际是不同文化背景的人们之间的交际，交际的过程和结果都充满了模糊性和不确定性，而这种模糊性和不确定性容易使人产生心理上的焦虑。Gudykunst 与 Kim(2003)用与陌生人的交往来形容跨文化交际，而 Gudykunst

的“焦虑管理理论”就是针对跨文化交际过程中的心理特点提出的①。

6. 跨文化交际是一种挑战，更是一种收获

跨文化交际是一种挑战。因为跨文化交际中充满了误解、失败甚至冲突，所以成功的跨文化交际不是一件容易的事情。但是跨文化交际又是一种能给人带来深刻变化的活动。跨文化交际的经历使人们具有更开阔的视野、更丰富的阅历、更成熟的性格、更复杂的思维、更宽容的态度。许多有过出国经历的汉语教师都表示，跨文化交际经历给他们的人生带来了积极的影响，不仅使他们变得更加独立，具备更强的适应能力和交往能力，更重要的是使他们更深刻地感受到世界上存在着不同的人生方式，并且学会了理解和欣赏这种文化的差异。

第二节　跨文化交际学

跨文化交际既是一种社会现象，也指对这种现象进行研究的学科。很多英文著作使用“Cross-Cultural Communication” 与“Intercultural Communication”来称呼这个学科。过去“Cross-Cultural Communication”的说法更为常见，而现在大多数文献使用“Intercultural Communication”的名称。“Cross-Cultural Communication”侧重于对文化如何影响人类行为的平行研究和对比研究（Brislin，2000），如东西方文化的比较、中美文化比较或中日文化比较等。“Intercultural Communication”主要是研究来自不同文化背景的人们是如何交往的，特别是面对面的交往，强调不同文化背景的人们之间的接触。

一、跨文化交际学的历史

跨文化交际作为一种人类活动，历史很悠久，但是跨文化交际研究却是一个年轻的学科，跨文化交际学的历史只有短短的 50 多年。

1. 跨文化交际学的兴起

跨文化交际学兴起于美国。跨文化交际学在美国兴起和发展有着深刻的历史和社会文化背景。

跨文化交际学的兴起与美国在第二次世界大战后在国际上的地位和外交政策有紧密的关系。二战以前，美国在地理和政治上都与世界其他地区相对隔离。二战后美国一跃成为世界超级大国。为了帮助西欧国家进行战后重建，美国实施了“马歇尔计划”。这个计划需要派遣大批外交官和技术人员到国外工作，但是这些外交官和技术人员由于不了解目的国的语言和文化，在跨文化交流中出现了一些误解甚至冲突。于是从 20 世纪 50 年代开始，一

① 王艳华. 英语教学中的跨文化意识培养[J]. 黑龙江科技信息，2012.

些人类学家和语言学家在隶属美国国务院的“外交事务学院”(The Foreign Service Institute)对美国的外交官和技术人员进行了跨文化交际和外语方面的培训，著名的人类学家霍尔就是其中的培训教师之一。他的《无声的语言》(*The Silent Language*)一书于1959年出版，标志着跨文化交际学的诞生。

跨文化交际学在美国的兴起和发展还有重要的社会文化背景。美国本身是一个移民国家，文化多元化是它的突出特点。不同族裔、不同语言和不同文化背景的人们之间如何和平相处与平等交流是个人和政府面临的挑战。另外，美国作为世界上经济和教育最发达的国家之一，国际交流非常频繁。每年有大量留学生和访问学者到美国读书或做研究，美国也有大批技术人员、管理人员到跨国公司在海外的机构工作。所有这些因素都推动了美国跨文化交际学科的发展。

2. 跨文化交际学的创立

1959年，霍尔出版了《无声的语言》一书，标志着跨文化交际学的诞生。霍尔原本是位人类学家，然而他对跨文化交际学的影响远远大于他对于人类学的贡献。霍尔从微观的角度研究文化，特别是研究人们无意识的文化层面。其中，他对非语言行为的研究成为跨文化交际学重要的组成部分。霍尔的理论和跨文化交际训练方法成为后来跨文化交际学的理论基础。霍尔对于跨文化交际学的贡献主要体现在以下五个方面。

①侧重微观的跨文化交际的研究，而不是宏观的单一文化的研究。

②对于非语言交际的界定和研究。

③强调信息交流中特别是非语言交际中的无意识层面。

④对于跨文化交际中的差异采取接受和非价值判断的态度。

⑤采用注重学员参与的体验式的跨文化交际训练方法①。

3. 跨文化交际学的确立

20世纪70年代被认为是跨文化交际学的确立阶段。主要表现为跨文化交际课程的开设、跨文化交际专著的出现、专业协会的成立和跨文化交际研究专业期刊的创刊。

1966年，美国匹兹堡大学最先开设了跨文化交际的课程。20世纪70年代美国大约有200所学校开设了跨文化交际的课程。

在20世纪70年代，一批有影响的跨文化交际论著相继出版，其中包括Samovar与Porter的《跨文化交际读本》(*Intercultural Communication:Reader*)、Condon与Yousef的《跨文化交际引论》(*Introduction to Intercultural Communication*)。另外，专门讨论文化模式的专著——斯图尔特与贝内特的《美国文化模式》(*American Cultural Patterns*)也于这个时

---

① 霍尔．何道宽，译．无声的语言[M]北京：北京大学出版社，2010．

期出版。

20 世纪 70 年代还成立了跨文化交际的专业协会。1970 年国际传播协会成立了分支机构跨文化交际学分会。第一个独立的专业协会“跨文化教育、培训与研究协会”(SIETAR)于 1974 年正式成立。第一届跨文化交际学国际研讨会于 1972 年在日本东京举行。

在这个时期,跨文化交际研究领域两个最有影响力的学术期刊相继创刊。International and Intercultual-al Communication Annals 创刊于 1974 年,International Journal of Intercultural Relations 创刊于 1977 年。这两个专业期刊的创刊推动了跨文化交际的学术研究。

4. 跨文化交际学的成熟

20 世纪 80 年代以后,跨文化交际学作为一个学科逐渐成熟,其标志是各种理论模式的诞生和研究方法的探索。Gudykunst 等学者建构了动态的跨文化交际理论,而理论的建构促进了跨文化交际学科的迅速发展,研究方法的探索使这个学科更加具有科学性。

20 世纪 80 年代,Kim 与 Gudykunst 合编的《跨文化交际理论》(*Intercultural Communication Theories: Current Perspectives*),Gudykunst 与 Kim 合编的《跨文化研究的方法》(*Methods of Intercultural Research* 以及 Asante 与 Gudykunst 合编的《跨文化交际手册》(*Handbook of International and Intercultural Communication*)相继出版,这几本著作集中探讨了跨文化交际学的理论框架和研究方法,为跨文化交际学科的建设和发展做出了贡献,使跨文化交际学逐渐成为一个成熟的学科。

Gudykunst(2003)曾经总结了跨文化交际的十五种理论。其中比较有影响的理论有:不确定性的减少理论、文化身份的协商理论、面子协商理论、归因理论、跨文化交际网络理论、跨文化交际的适应理论、文化尺度理论等。这些理论都为跨文化交际的研究提供了理论框架。

Bennett(1998)指出跨文化交际学领域主要存在着两种学派:一种是理论—理论学派,侧重跨文化交际学的理论研究,主要研究阵地是在传播学;另一种是理论—实践学派,主要侧重应用和跨文化训练,比如跨文化交际与外语教育、跨文化交际与商务管理等都属于这个学派的研究范围①。

二、跨文化交际学的理论基础

跨文化交际学是一个交叉性很强的学科,其主要理论是从其他学科借鉴而来的。根据 Hart(1999)的调查,对跨文化交际学影响最大的学科有:人类学、心理学、语言学、社会学和传播学(图 2-1)。

① 田青.浅谈跨文化的英语教学[J].惠州学院学报,2003.

1. 人类学

人类学是最早影响跨文化交际学的学科。跨文化交际学的奠基之作《无声的语言》的作者霍尔就是人类学家。人类学对跨文化交际学的贡献主要表现在以下三个方面。

①文化的定义。人类学为跨文化交际学提供了更为宽泛的文化定义,即把文化看成是意义的系统或者是人们的生活方式,这种生活方式不仅包含了客观的因素,更重要的是包含了主观的因素,如价值观、态度、信仰、行为规范等等。

②文化与语言的关系。人类学家认为语言影响了人们的思维和世界观。著名的"萨丕尔-沃尔夫假说"探讨的就是语言与文化的关系。

③文化相对主义的态度。人类学研究的对象多是原始文化,这些文化与现代工业化文化有很多差异。对于文化差异,人类学采用的是文化相对主义的态度,强调文化不论大小或强弱,没有高低贵贱的区别。

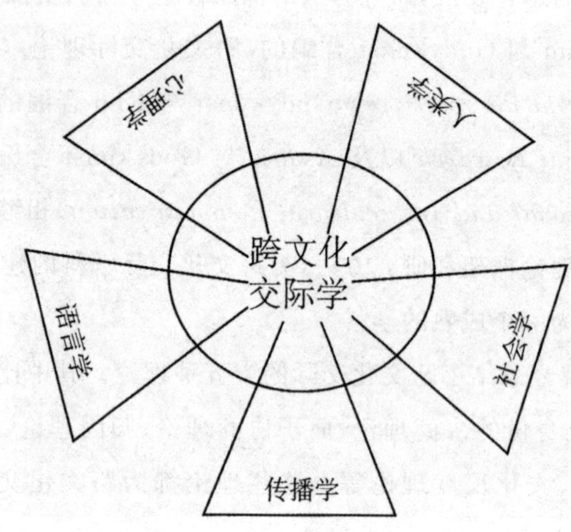

图 2-1　对跨文化交际学影响最大的学科

2. 心理学

心理学对跨文化交际学的影响很大,许多著名的跨文化交际学者来自心理学领域,如Brislin、Triandis、Bond、Hofstede 等。对跨文化交际学贡献最大的心理学分支是跨文化心理学,它主要研究文化对人的行为的影响。跨文化心理学研究的问题主要包括两个方面。

①主观文化。由于价值观、态度、信仰、行为规范等是文化的主观成分,是跨文化交际的核心问题,因此是跨文化心理学研究的重要范畴,其中价值观模式的研究对跨文化交际学有重要的意义。

②文化适应问题研究。这是跨文化心理学研究的重点课题之一,专门探讨文化适应的模式、过程、策略等问题,以及"文化休克"现象等。

3. 语言学

语言学中，与跨文化交际学关系最密切的是社会语言学和语用学，这两个学科都关注语言的使用问题，对跨文化语言交际的研究有很多启发。社会语言学主要研究社会变量如性别、年龄、地位、场合等对语言使用的影响，特别关注语境在跨文化交际中的作用。其中 Hymes 的交际能力理论、Gumperz 的互动社会语言学都强调语境对交际的影响，对跨文化语言交际的研究启发很大。语用学专门研究语言使用的规则，而语言的使用与文化的关系非常密切。Leech 的礼貌原则、Brown 与 Levinson 的面子与礼貌策略的理论都涉及了不同的语言使用规则和原则。其中跨文化语用学更是直接研究与礼貌相关的言语行为在不同文化中的使用和习得情况。

4. 社会学

社会学也与跨文化交际学关系密切。跨文化交际学所关注的社会身份、社会交往规范等都是受到社会学的影响。社会学中与跨文化交际学关系最为密切的领域是社会心理学。社会心理学探讨社会团体的感知、刻板印象、偏见等，也都是跨文化交际学重点关注的问题。跨文化交际学的身份管理理论、身份协商理论、面子协商理论都是受到社会学理论的启发。

5. 传播学

传播学是跨文化交际研究的主要阵地，也是跨文化交际学的学科归属。跨文化交际学的著名学者 Gudykunst、Kim、Ting-Toomey 等人都具有传播学的背景。从跨文化交际研究领域文献被引用的频率来看，来自传播学领域且有影响力的作者数量仅次于心理学。传播学对跨文化交际学的贡献主要体现在建构跨文化交际的理论上，Gudykunst 的“陌生人理论”和“焦虑/不确定因素的管理理论”，Ting-Toomey 的“文化身份协商理论”和“面子协商理论”等都是很有影响的跨文化交际理论框架。另外，与其他领域相比，传播学更注重跨文化交际的过程研究，比如语言交际和非语言交际的过程研究。

三、跨文化交际学的主要内容

如果我们查阅当今有影响力的跨文化交际的教材和论著，不难发现跨文化交际学的主要内容和范围包括以下十个方面。

①文化与交际。这是跨文化交际领域的基本概念。文化被认为是跨文化交际研究的核心概念，特别是文化的定义和特征是理解跨文化交际中文化影响的理论基础。跨文化交际领域的文化定义更侧重文化的主观因素、文化与交际的关系。

②价值观与文化模式。这是跨文化交际研究的核心问题之一，因为价值观是影响跨文化交际的最重要的文化因素。重要的价值观和文化模式理论有 Kluckhohn 与 Strodtbeck 的价值取向理论、Hofstede 的文化尺度理论、霍尔的高语境和低语境文化理论等，

其中个体主义和集体主义文化尺度的理论被广泛应用于跨文化交际的文化差异比较研究中。

③语言交际。这是跨文化交际研究的基本内容之一。跨文化语言交际研究的主要内容包括文化与语言的关系、语义和语用的文化差异、外语教学、翻译等。跨文化语言交际研究的内容是与汉语作为第二语言教学最相关的内容。

④非语言交际。这也是跨文化交际研究的一项基本内容。非语言交际研究主要探讨肢体语言、时间观念、空间利用等方面的文化差异。非语言交际研究是早期跨文化交际研究的重要领域，霍尔的《无声的语言》就是研究非语言交际的经典之作。

⑤文化身份。这是跨文化交际研究的另一项重要内容。文化身份主要研究人的各种社会身份，如种族身份、性别身份、年龄身份、地域身份、国家身份等，通过这些身份是如何参与跨文化交际的。文化身份研究是跨文化交际研究领域比较新的内容，其中文化身份协商理论是比较重要的理论。

⑥文化适应。文化适应一直是跨文化交际研究的重点课题之一。文化适应的研究主要包括文化适应的过程和模式，及“文化休克”的现象、成因和对策等问题。近十几年来，跨文化交际学的核心期刊 International Journal of Intercultural Relations 刊登的论文中，关于旅居者和移民的文化适应研究占了很大的比例。

⑦跨文化交际的心理因素。这部分内容主要探讨一些心理因素如刻板印象、偏见、种族中心主义等对跨文化交际的影响，以及如何克服刻板印象、偏见和种族中心主义等。研究的目的是帮助学习者形成文化相对主义的态度和视角。

⑧不同领域的跨文化交际。主要研究教育、商务、医疗等领域中跨文化交际的问题。教育领域的跨文化交际研究主要讨论学习方式和动机、师生关系、课堂行为等方面的文化差异。商务领域的跨文化交际研究主要讨论商务礼仪、谈判方式、领导风格等方面的文化差异。其中教育领域中的跨文化交际是与汉语作为第二语言教学密切相关的内容。

⑨跨文化交际能力。这也是跨文化交际研究的重要领域。主要关注如何提高跨文化交际的有效性，如何培养跨文化意识等。跨文化交际学者特别强调留心、倾听、反思、搁置价值判断、移情等提高跨文化交际能力的策略。

⑩跨文化交际训练。这是跨文化交际研究中一个应用性很强的分支，也充分体现了跨文化交际学注重实践的特点。跨文化交际训练的模式主要有认知型训练模式和体验型训练模式，其中体验型训练模式更有注重实践、强调综合能力的特色。跨文化交际训练中的常用方法如“关键事件”(Critical Incident)、“文化敏感器”(Cultural Sensitizer)、案例分析等对于我们在教学中更好地培养汉语学习者的跨文化交际能力有借鉴意义。

四、跨文化交际的研究

1. 跨文化交际研究的方法

因为跨文化交际学具有跨学科的性质，所以跨文化交际研究的方法也具有多样性。有人类学背景的研究者多采用人类学的方法，通过观察和访谈，深入到某种文化之中探寻文化的模式和特点；有心理学和社会学背景的学者多采用量化的方法，在大规模数据调查的基础上找出具有普遍性的文化模型；语言学背景的学者则采用话语分析的方法，分析语言中的文化含义或语言使用的规则；有传播学的学者多采用实证主义的方法，力求建构跨文化交际的理论模式。但是从西方最重要的跨文化交际学术期刊 International Journal of Intercultural Relations 来看，目前的跨文化交际研究以基于大量数据分析的实证研究为主，特别是以量化的研究方法为主。

另外，跨文化交际学者还经常提到一般文化的研究方法和特殊文化的研究方法，这两种研究方法又分别叫作客位(Etic)和主位(Emic)研究方法。客位和主位这两个概念原本是语音学的术语，现在用于跨文化交际的研究中。一般文化的研究方法是在对很多不同文化进行对比分析的基础上，通过大量的数据统计分析，创建一个能对各种文化进行描述的理论框架，这是一种旁观者的视角，因此被称为客位研究。Hofstede 的文化尺度理论是一般文化研究的范例。特殊文化的研究方法是研究者从圈内人的角度观察分析某一种文化，形成对这种文化的总体把握，因此被称为主位研究。斯图尔特与贝内特的《美国文化模式》、本尼迪克特的《菊与刀》都是特殊文化研究的代表著作。

表 2-1 两种研究方法的区别

特殊文化的研究方法	一般文化的研究方法
从系统内部的角度来研究行为	从系统外部的角度来研究行为
考察一种文化	考察并比较多种文化
分析者发现文化模式	分析者创建文化模式
标准被认为是相对的、具有特殊性的	标准被认为是具有普遍性的

2. 中国的跨文化交际研究

20 世纪 80 年代跨文化交际学被引入中国，当时的“文化热”以及对于西方各种文化理论的引进和介绍促进了跨文化交际学在中国的兴起。胡文仲等学者最先在中国介绍跨文化交际学。北京外国语大学、哈尔滨工业大学、福建师范大学等是最早开设跨文化交际课程的院校。1995 年在哈尔滨工业大学召开了中国第一届跨文化交际研讨会，并成立了中国跨文化交际学会。

中国的跨文化交际研究最初主要集中在对外语教学以及语言与文化关系的研究方面，特别是英语教学领域。中国跨文化交际研究的早期学者以外语教师和对外汉语教师为主，因为这些人大多有到海外留学或访问的经历，最先接触到西方的跨文化交际理论，而且自己也积累了一些跨文化交际的经验。胡文仲(1999)指出，中国的跨文化交际研究主要集中在以下几个方面：

①语言与交际的关系。

②非语言交际。

③中西习俗对比。

④中西经营管理模式比较。

⑤国民性研究。

⑥价值观研究。①

中国跨文化交际研究领域比较有影响的著作有：关世杰的《跨文化交流学》(1995)、林大津的《跨文化交际研究：与英美人交往指南》(1996)、贾玉新的《跨文化交际学》(1997)、胡文仲的《跨文化交际学概论》(1999)。

总之，中国的跨文化交际研究起步晚，历史比较短，研究的范围还比较窄，主要集中在外语教学和对外汉语教学领域，研究的主要成果是跨文化语用学。另外，胡文仲(2005)指出，中国的跨文化交际研究一般性探讨比较多，而基于大量数据的实证研究还比较缺乏。

然而，目前有越来越多的不同领域的学者加入到跨文化交际的研究中来，包括传播和媒体研究、工商管理等领域的学者。对中国的跨文化交际研究学者来说，如何建构自己的跨文化交际理论框架，而不是照搬西方的理论，如何提高跨文化交际研究的原创性和改善研究方法，如何拓宽跨文化交际研究的领域和范围，都是应该思考的问题。

---

① 雷耘.谈英语教学中跨文化交际能力的培养[J].山东师大外国语学院学报，2003.

第三章 跨文化的语言交际

语言交际是跨文化交际最主要的方式。语言不仅是交际的工具，而且是文化的载体。语言的范畴制约着人们对周围世界的感知方式，语言的含义体现着特定的文化内涵，语言的使用要遵循一定的文化规则。正是语言与文化的紧密关系，使语言交际成为跨文化交际研究的核心内容之一。国际汉语教学是第二语言的教学，教学目标是培养学生跨文化交际的能力，跨文化的语言交际是与汉语教学关系最密切的跨文化交际内容。因此，对汉语教师来说，理解语言与文化的关系，理解语言交际的跨文化差异，就显得格外重要。

第一节 语言与文化

一、萨丕尔-沃尔夫假说

人类学家很早就关注语言与文化的关系。德国人类学家洪堡就曾经说过，语言之间的差异并不在于发音和文字符号的不同，而在于世界观的不同。美国的人类学家萨丕尔(Sapir)和沃尔夫(Whorf)进一步探讨了语言与世界观、思维、文化之间的关系，提出了著名的萨丕尔-沃尔夫假说。

萨丕尔是美国著名人类学家博厄斯的学生。萨丕尔的主要研究对象是北美印第安人的语言。萨丕尔试图找出语言中词汇的分类与人们的物质生活和社会环境的关系。他认为，物质环境中的事物在语言中被命名，一定是因为它们具有文化上的重要性。比如，居住在美国西南部高原地区的印第安人的语言对峡谷的分类和命名就很详细，峡谷分为半圆峡谷、圆形峡谷、带溪水的峡谷、空峡谷等，这是因为峡谷对印第安人的生活具有特殊的意义。他认为，词语分类的详略程度反映了人们对周围世界的兴趣和感知程度。

沃尔夫是萨丕尔的学生。他曾经担任保险公司的火灾理赔员，在工作中他发现引起火灾的行为往往与对事物名称的误解有关。比如，工地上的工人会把烟头或火柴棍儿扔进写着“empty”的汽油桶中，由此造成了火灾。沃尔夫得出结论：扔烟头的行为来源于人们对“empty”这个词的误解，因为“empty”通常表示“不存在”，但实际上汽油桶中仍然有残留汽油。他用这个例子说明语言、思维和行为之间存在着密切的关系。

沃尔夫的研究兴趣主要是语法中所体现的意义结构与特定思维模式的关系。他发现英语和印第安人的霍皮语(Hopi)对于时间和空间有不同的表达方式。英语把时间看成是可数的普通物体,时间可以划分为过去、现在和将来。霍皮语则把时间看成是一个不可数的连续发生的事件。因此沃尔夫认为,时间和事物的概念不是由所有人的经历决定的,而是取决于他们所使用的语言的特点。

基于对印第安人语言的研究,萨丕尔和沃尔夫提出了他们的著名观点:语言不仅表达和反映了思想,而且还塑造了人们的思想和世界观。萨丕尔(1949)明确指出:"人们并不仅仅生活于社会活动的世界之中,而且处于已成为该社会表达手段的某特定语言的严格控制之下。"沃尔夫(1952)也强调:"世界表现为万花筒式的各种各样的感觉和印象,这些必须由我们的头脑来组织,而这意味着这些大致上是由我们头脑中的语言系统来组织的。"由于萨丕尔-沃尔夫的这个观点强调语言对于思维的决定性作用,因此这个强式假说又被称为"语言决定论"。

后来许多学者都试图证明这个强式假说的正确性,遗憾的是,语言决定人们思维的假设迄今也没有得到证实,但是也没有出现推翻这种假说的反证。沃尔夫后来修正了这种语言决定论的观点,指出语言影响人们对世界的感知、态度和行为,而不是决定人们的感知、态度和行为。这个经过修正的弱式假说提出了语言与文化相互影响的观点,因此又被称为"语言相对论"。

萨丕尔-沃尔夫假说主要包含三层含义:

①不同的语言以不同的方式感知和划分现实世界。

②一个人所使用的语言结构影响他感知和理解世界的方式。

③讲不同语言的人感知的世界是不同的。萨丕尔-沃尔夫的理论对跨文化语言交际的研究有很大启发。跨文化交际领域的很多学者都采纳了萨丕尔-沃尔夫的语言与文化相互影响的观点,即相信语言和文化是相互作用的,不同的语言模式会导致人们对世界的认识的不同。

二、语言与价值观

语言与文化关系密切。Agar(1994)认为文化存在于语言中,语言中充满了文化。他还创造了新的词汇"languaculture"来表明语言与文化不可分离的关系。但是由于文化的发展往往比语言的变化要快,我们更多地看到的是语言是如何反映文化的。第二语言教育家 Kramsch(2000)将语言与文化的关系概括为语言表达了文化,语言体现了文化,语言象征了文化。

语言与文化的关系最直接的表现是语言表达了人们对世界的看法、态度和价值取向。每种语言中都存在着大量的格言、警句和俗语。这些语句往往是这种文化价值取向的直接表达,通过了解这些语句,我们可以了解这种文化的价值观。

个体主义和集体主义是两种不同的价值取向，我们从以下世界各地的谚语中就可以看到不同文化的人们是如何看待个人与集体的关系的：

①在团体中当傻瓜也比一个人有智慧好。（墨西哥）

②离开羊群的羊会被狼吃掉。（土耳其）

③当蜘蛛网连在一起的时候可以困住一头狮子。（非洲）

④三个臭皮匠，顶个诸葛亮。（中国）

⑤即使是在天堂，一个人独处也不好。（以色列）

⑥出头的钉子被砸下。（日本）

⑦自助者上帝助之。（美国）

⑧站在你自己的两只脚上。（美国）

⑨只扫门前雪。（德国）

对于语言在交际中的作用，中国、日本和美国的格言、谚语也表达了不同的态度和价值取向。中国和日本的文化都属于高语境文化，讲究“此时无声胜有声”的意境，而美国文化是低语境文化，重视直接的语言表达。以下的格言和谚语就表达了中国、日本文化和美国文化在语言交际方面的不同态度：

①君子讷于言而敏于行。（中国）

②沉默是金。（日本）

③沉默是傻瓜的美德。（美国）

④吱吱作响的轮子得到润滑油。（美国）

虽然很多不同文化的格言和谚语表达了不同的价值取向，但是也有很多不同语言中的格言、谚语表达了相似的价值观，说明不同文化的人们会分享一些共同的价值观。比如汉语和英语中都有格言或谚语表达了时间观念、奋斗观念、健康观念等。

①有志者事竟成。Where there is a will，there is a way.

②活到老学到老。Man is never too old to learn.

③一寸光阴一寸金。Time is money.

④早睡早起身体好。Early to bed and early to rise，makes a man healthy，wealthy and wise.

第二节　语义与文化

一、词义与文化

在语言的各要素中，词汇与文化的关系最为密切和直接，对跨文化交际的影响也很突出。语言的功能之一是表达意义。但是语言的含义不具有普遍性，要受到文化和语境的制约。不同语言和文化的人们进行跨文化交际时，可能会因为对词语含义的误解而产生交流的障碍。以下几个在翻译中出现的笑话经常被跨文化交际学者引用。比如，英语中的"The spirit is willing but the fiesh is weak."（心有余而力不足。）这样一句谚语译成俄语，意思变成了"The vodka is good but themeat is rotten."（伏特加酒很不错，但肉已腐烂。）。一则英语广告"Things comea alive with Pepsi."（喝百事可乐令您生气勃勃。）翻译成德语，意思变成了"Pepsi can pull you back from your grave."（百事可乐可以让你从坟墓中复活。）。香港牙医的广告"用最新的方法拔牙"翻译为英语时译成了"Teeth extracted by the latest Methodists."（由最新的卫理公会教徒拔牙。）。

造成跨文化交际中的误解的往往不是词语的概念意义，而是附加意义。词汇的意义有很多层次，英国语义学家 Leech(1983)把语言的意义分成七种类型：概念意义、内涵意义、风格意义、感情意义、联想意义、搭配意义和主题意义。更多的学者把词汇的意义简单分为"指示意义"(Denotation)和"内涵意义"(Connotation)两种。指示意义往往也是概念意义，即词典上写明的意义。内涵意义包括了象征意义、联想意义、风格意义、感情色彩等成分。一般来说，词汇的指示意义是对客观事物或事件的命名和描述，含义比较客观也比较稳定，通常不会影响跨文化交际中意义的传递和理解。但是内涵意义是附加意义，具有多样性和复杂性，往往是特定文化中约定俗成的，而且会随着时代的发展和语境的变化而变化。

关世杰(1995)根据词语的指示意义和内涵意义把跨文化交际中使用的词汇分为五种情况：重合词汇、平行词汇、全空缺词汇、半空缺词汇和冲突词汇。他认为重合词汇、平行词汇、全空缺词汇都不会引起跨文化交际中的误解，而半空缺词汇和冲突词汇中那些指示意义相同而内涵意义不完全相同甚至截然相反的词语，最容易成为跨文化交际的障碍。

全空缺词汇包括反映各国文化特征的所谓"文化词汇"，如汉语中的"华表、旗袍、端午、禅宗、孝顺、中庸、忠恕、风水、阴阳"等都是体现中国文化特点的词语，具有特定的丰富含义，很难在其他语言中找到对应的概念和词语。同样，英语中的"三位一体、圣灵、原罪、救世主、天堂、二十二条军规"等词语所表示的概念也是原来汉语中没有的，翻译后也难以准确传达其内涵意义。虽然这些特殊的"文化词汇"比较难理解，但一般不容易引起歧义，所以基本不会造成跨文化交际的误解。①

最容易造成跨文化交际误解的词汇是那些半空缺词汇和冲突词汇，即概念意义相同，而象征意义或感情色彩不完全相同甚至完全相反的词语。比如，"个人主义、地主、政治、宣传、妥协、隐私、发福"等词语在汉语和英语中有不同的内涵和褒贬色彩。

---

① 赵伟.大学英语教育中的跨文化交际能力培养策略[J].黑龙江高教研究，2016.

二、颜色词、动物词、数字词

颜色词、动物词、数字词是每种语言中都存在的普通词汇，但是这几类词汇的象征意义和感情色彩却存在很大的文化差异。这些词语文化内涵的不同源于不同民族所处地理环境、思维方式、宗教信仰、民族心理等方面的差异。词语文化内涵的差异容易引起跨文化沟通中的误解，因此词语文化内涵的研究是跨文化交际学者比较关注的问题，也是与语言教学紧密相关的内容。

1. 颜色词

虽然颜色词在所有语言中都存在，但是颜色词的联想意义和象征意义却有文化的差异。中国京剧的脸谱用红色代表忠诚，用黑色代表正直，用白色代表奸诈。而在印度尼西亚的皮影戏中，却是红色代表贪婪，黑色代表紧张，白色代表高贵。这说明颜色词所体现的象征意义、联想意义和感情色彩并不具有普遍性。这说明颜色词的内涵意义受文化的制约。

红色在很多文化中象征着热情、危险和暴力。美国学者阿恩海姆在《色彩论》中说："红色被认为是令人激动的，因为它能使我们想到火、血和革命的含义。"但在中国文化中，红色象征着幸福、吉祥和欢乐。所以结婚时新娘要穿红色的衣服，春节时要贴红色的对联，挂红灯笼，亲友结婚生子时要送红包祝贺。除了表示喜庆和吉祥，红色在中国传统文化中还有辟邪的含义。"本命年"的时候，许多中国人穿红色的内衣，系红色的腰带，以趋吉避凶。红色的这些内涵意义是中国文化所特有的。

白色是一种基本的色彩，不同的文化赋予它不同的内涵意义。在西方和日本文化中，白色象征着干净和纯洁，所以西方人结婚时新娘穿白色的婚纱，日本人结婚时新娘穿白色带花的和服。朝鲜民族更是崇尚白色，他们称自己为"白衣民族"，男性的传统服装是白色的，韩国国旗的底色也是白色，韩国人送别人礼金用白色的信封。但是在中国文化中，白色代表死亡、鬼魂或不吉利的事情。中国人传统的葬礼上要穿白色的孝服，电影和画报中出现的鬼魂也是穿白色的衣服，看望病人不能送白色的花。另外，在现代中国，白色还时常与红色相对，表示反革命，汉语中有"白军"和"白色恐怖"的说法。

黄色在中国文化传统中是一种高贵的颜色。这是因为，黄土高原是中华文明的重要发源地，传统的农耕文明使中国人有"敬土"的思想，而黄色是土地的颜色。中华民族的人文始祖被尊称为"黄帝"。后来黄色成为古代帝王之色，皇帝穿的龙袍是黄色的，皇宫的基调也是黄色的，而普通百姓不能随便使用黄色。总之，黄色在中国古代代表崇高、尊严和辉煌。又因为黄色与金子同色，所以黄色也代表财富。而在英语中，"黄页"(yellow pages)是电话号码簿，"黄皮书"(YellowPaper)则是政府重要文件。

由于颜色词在不同文化中具有不同的象征意义，所以在跨文化交际中也会因此产生误会。

2. 动物词

不同的文化对待每种动物的态度不同，动物词便具有了不同的象征意义和联想意义。在中国文化中，龙是最尊贵的动物，是中华民族的象征。龙在古代曾经代表皇权、威严和神力，在现代则象征着吉祥、财富和成功。汉语里凡是与龙有关的词语大多是褒义词：龙凤呈祥、望子成龙、乘龙快婿、龙马精神、龙腾虎跃等。所以中国人很喜欢龙，自称为“龙的传人”。在龙年出生的孩子特别多，中国的男性也喜欢用“龙”字取名，人们熟知的电影明星如李小龙、成龙就是以“龙”为名的。但是在西方文化中，龙的对应词“dragon”却是一个贬义词。西方古典文学中“dragon”的形象是一种口中喷火的庞然大物，象征邪恶、霸气和侵略。正因为“龙”和“dragon”有不同的象征意义，2006 年新浪网还报道了一场有关龙的形象和名称的讨论。有的学者建议在翻译“龙”这个词的时候，使用音译的“loong”来代替“dragon”。这场关于龙的讨论从一个侧面说明龙的象征意义在中西方文化中差别很大，而且这种差别可能会引起跨文化交际中的误解。

“狗”是另一个容易引起跨文化误解的动物词。在中国传统文化中，狗往往具有比较负面的形象和联想意义。“狗仗人势”“狼心狗肺”“走狗”“癞皮狗”“丧家犬”等与狗相关的词语都是贬义词，这在一定程度上反映了中国人传统上对狗的态度。但狗在英语中一般有正面的意义，有关狗的表达“love me，love my dog”“work like a dog”“you lucky dog”中狗的含义都是褒义的。西方人介绍自己的家庭时，往往把狗也算作一个家庭成员。“you lucky dog”意思是“你这个幸运的家伙”，其语气是羡慕和亲密的。可是在汉语中，如果用狗来形容人就是一种侮辱。说一个人像一条狗，可能暗示他巴结上司，具有奴性，可见汉语中用狗来形容人的时候，贬义色彩非常明显。

还有一些动物词在不同文化中的象征意义或联想意义差别很大。猫头鹰在中国古代是不吉祥的动物，它的叫声使人产生不祥的预感，往往与不幸或死亡相联系，汉语中有“夜猫子进宅，好事不来”的俗语。而在希腊文化中，猫头鹰却代表了智慧。蝙蝠在中国文化中是吉祥的，因为“蝠”与“福”谐音，所以传统年画中常出现蝙蝠的形象，而在西方文化中，蝙蝠却是不吉利的，使人联想到死亡。牛在中国文化中的联想意义基本是正面的，比如“老黄牛”“孺子牛”的说法都是褒义的，而在日本文化中，牛却有负面的联想意义，常让人联想到懒惰和愚笨。

由于不同语言中的动物词具有不同的象征和联想意义，跨文化交际中会很容易产生笑话和误解。

3. 数字词

数字词本来只有指示数字的作用，但是由于文化的影响，数字词在不同的文化中具有不同的象征意义。在中国文化中，“八”是很吉祥的数字，因为它与“发财”的“发”谐音，在人们看来象征财富和好运。中国人表现出对“八”的偏爱，汽车牌号和电话号码喜欢选择末尾数字是 8 的，开业和结婚的日子喜欢选择 8 号，连北京奥运会的开幕式也选择在 2008 年 8 月 8 日晚 8 点开始。数字“八”的风靡，折射出中国当代经济的发展和中国人对财富观念的变化。在日本，“八”也是一个吉祥数字，这主要是因为“八”的写法是从窄处越写越宽，表示越来越顺利的意思。

在东亚文化中，“四”是不吉利的数字，因为“四”的发音在汉语、日语和韩语中都与“死”的发音相似。在中国，人们挑选车牌号或电话号码时尽量避免末位是 4 的号码。日本、韩国的医院和高级公寓甚至不标明第四层。因为“九”是个位数字中最大的，在汉语中代表了一种最高境界，而且由于“九”与“久”谐音，所以在中国“九”是一个吉祥的数字。在古代，帝王们常用“九”字象征皇权的至高无上和统治的地久天长。而在日本文化中，“九”却是一个不吉利的数字，因为“九”在日语里与“苦”谐音，表示痛苦或辛苦，所以日本人特别不喜欢含 49 或 94 的数字。

中国人崇尚偶数，因为偶数象征着和谐与圆满。因此，古代诗歌讲究对偶，建筑讲究对称，结婚选偶数的日子，点菜也要点双数。汉语一般词汇大多是双音节的，成语则一般是四个字组成的。对偶数的偏爱体现了中国文化重视平衡与和谐的观念。在中国人看来，结婚用红双喜字，婚礼选在双数的日子，礼物是双数的，代表着一对新人幸福美满。但是日本人和韩国人更喜欢单数。日本人认为双数容易拆分，所以结婚的时候避免用双数，有避免离婚的含义，参加别人的婚礼时，一定要准备单数钱的红包。韩国人也喜欢单数，认为单数是阳数，而且特别喜欢“三”，因为韩国人认为万物的基本元素是“天、地、人”，“一”代表阳，“二”代表阴，“三”则是阴阳的完美结合，因此“三”是最完美的数字。但是在越南文化中，“三”却是不吉利的数字，做生意的人会避免在逢 3 号的日子出门，照相的时候，也很少三个人合照。

在西方文化中，“七”是一个吉祥数字，有“lucky seven”的说法。“七”的这种象征意义与基督教的信仰有关。因为根据《旧约》传说，上帝在六天之内创造了万物和人类，在第七天休息，所以“七”表示完成和圆满。西方文化常用数字“七”来命名事情或人文景物，如“七宗罪”“七大奇迹”。西方人喜欢在七月举行婚礼，7 月 7 日结婚的人格外多，2012 年伦敦奥运会在当地时间 7 月 27 日开幕。而在中国的广东话里，“七”和“出”谐音，意味着钱财的流出，另外，普通话里“七”与“气”谐音，表示生气不愉快，这也是中国人不喜欢数字“七”的原因。

西方文化中“十三”是不吉利的数字。“十三”的象征意义源于基督教关于耶稣和他的十二个门徒的故事，耶稣被门徒犹大出卖，最后的晚餐就是十三个人。由于“十三”不吉利，西方国家的建筑一般不标明十三层，人们吃饭避免十三个人坐一桌。西方人特别忌讳“十三”与“星期五”重合的日子，这一天被称作“黑色星期五”，一些西方人避免在 13 号和星期五重合的日子里乘坐飞机，举行开业典礼、婚礼或其他庆祝活动。

了解数字词在不同文化中的特定含义，能让我们更好地与不同文化的人交流。2011年，《纽约时报》曾经刊登了一篇题为“有时吉祥数字促进公寓的销售”的报道，说纽约的人们在买房子的时候注意选择吉祥数字来决定楼层、房子号码、交易的钱数和搬家的日子等。这些吉祥数字因客户的文化背景不同而不同。犹太人喜欢18，因为这个数字与希伯来语的“生命”一词同音；中国人喜欢选择8；印度人则根据自己的生日决定吉祥数字。一位印度裔的女士原来选好的房子号码是1705。她后来意识到这四个数字加起来一共是13，而且数字的位数是4。因为13在美国文化中是不吉祥的数字，4在印度文化中也不是吉祥数字，所以她退掉了这个房子，重新选择了1005号的公寓，因为这些数字加起来是6，她说，6代表顺利，所以就买下了。

三、禁忌与委婉语

禁忌是人类社会普遍存在的文化现象，人们对诸如生老病死、隐私等许多方面多有避讳，因此产生了大量委婉语。了解不同文化中的禁忌和相应的委婉语不仅可以深入理解不同文化的价值取向，也可以避免在跨文化交际中出现不必要的误会。

很多文化都对死亡、疾病和排泄等方面有忌讳，需要用委婉语来表达。比如关于死亡，汉语的委婉语就有“去世、逝世、故去、永诀、牺牲、就义”等。在英语中则有“pass away、rest in peace、depart this life、join the angels、go to heaven”等委婉表达。关于疾病方面，英语经常使用缩写字母来代替疾病的名称以达到委婉的目的，例如用“TB”表示结核病，用“VD”表示性病，用“BigC”表示癌症等。而汉语对身体残疾和缺陷也有很多委婉的表达，如“谢顶”代替“秃顶”、“盲人”代替“瞎子”等。

在英语文化中“胖”则是禁忌词。英美人在交际时，不会使用“fat”来形容对方。由于超重和肥胖已经成为西方发达国家较为严重的社会问题，人们不希望肥胖，因此“fat”就成了避讳的词语。如果形容一个人胖，要用“over weight”来代替。然而在中国文化中，人们并不避讳说“胖”。“你最近胖了”或者“你最近发福了”曾经是中国人常用的见面寒暄语，即使是现在人们仍然这样问候熟人或朋友，没有任何的恶意或冒犯。

“老”是美国文化中另一个避讳的词，使用“old person”来指称老年人是一种不敬，应该用“the elderly”或者更正式的“senior citizen”来指称老人。对“老”这个词的忌讳反映了美国文化崇尚年轻、活力和变化的价值取向。可是在汉语里，与“老”相关的词语大多含褒义，如“老当益壮”“老骥伏枥，志在千里”“老马识途”等说法都是对老人的赞扬，称呼语中的“张老”“李老”是人们对学识渊博、德高望重的长者的尊称，而把熟人和朋友称为“老张”或“老李”则表示一种熟悉和亲近的关系。

了解各国的语言禁忌和委婉语对跨文化交际有重要意义，因为违反了禁忌常常会造成对别人的冒犯，给人留下不礼貌的印象。例如一位中国教师在汉语课上对美国学生讲解“发福”这个词时说：“‘发福’在英语中的意思就是‘fat’。”可能这位老师没有意识到“fat”在英语中的内涵具有贬义色彩。如果美国学生不理解“发福”在汉语中的内涵和使用语境，一定误以为说别人“发福”是非常没有礼貌的。

四、敬语与谦辞

在很多国家的语言中，敬语都是非常重要的礼貌手段，人们会根据对方的地位、年龄、辈分以及与对方的亲疏关系来选择适当的敬语。中国人最常使用的敬词是“您”。很多西方语言中的第二人称单数也有正式和非正式的区别，类似于汉语中“您”和“你”的区别。比如法语中的“vous”和“tu”，德语中的“Sie”和“Du”，西班牙语中的“usted”和“tu”，前者都是敬称。但是英语的第二人称没有专门的敬语形式，用“you”称呼所有的人。汉语中对别人使用的尊敬说法还包括“君、足下、阁下、贵校、府上、令堂、仁兄、贤弟、令爱、贵姓、指教、拜访、光临、关照、高见、大作”等。

顾曰国(1992)认为，贬己尊人是中国人重要的礼貌准则之一，因此中国人对别人使用敬语的同时对自己使用谦辞。汉语中的谦辞有“敝人、在下、家父、贱内、犬子、小女、拙著、拙见、寒舍”等。虽然有些敬语和谦辞在现代生活的日常交往中不再频繁使用，但在正式的场合和书信来往中，特别是在受过良好教育的人之间还会使用。一位电视节目主持人曾经在一个访谈节目中用“家父”来指称嘉宾的父亲，就引起了观众的议论。因为“家父”是对自己父亲的谦辞，称呼对方父亲时应该用“令尊”。另外，一位女明星曾在微博上称自己为“贱内”，也被网友挑出毛病。“贱内”虽然是谦辞，但其是丈夫称自己妻子时的谦称，不是用来称呼自己的。可见，如何使用敬语和谦辞不仅关系到礼貌，而且往往反映一个人的文化修养，使用不当会带来尴尬和误解。①

权力距离是影响中国人选择是否用敬语的重要因素，对于职位、年龄、辈分比自己高的人一般要用“您”相称，例如孩子对父母说话要用“您”。韩国人在使用敬语方面有更严格的等级观念，他们对年龄比自己大的人一律使用敬语，即使是同辈的学长、同学的哥哥或姐姐也不例外。有的韩国留学生曾抱怨中国学生对于学长不够尊重，因为他们没有用“您”来称呼学长。

亲疏距离则是影响欧洲人使用敬语的一个重要因素。西班牙人对陌生人通常都会使用第二人称的敬语形式“usted”，并不考虑对方的地位高低或年龄大小，只有当对方提议用“tú”来称呼自己时，才改用非敬语形式。

汉语敬语和谦辞的使用是汉语学习者的一个难点，因此，汉语教师在跨文化交际中不仅需要了解自己国家和所任教国家敬语和谦辞使用的场合和对象，做到以礼待人，显示良好的

---

① 顾曰国.礼貌、语用与文化[J].外语教学与研究，1992.

文化修养，而且需要给汉语学习者讲明汉语中敬语和谦辞的用法和语境，使学生避免在使用时出现错误，提高他们的汉语交际能力。

第三节 语用与文化

语言除了表达意义以外，还有用来实施行为的功能。语言与文化的密切关系不仅体现为语言表达了文化内容，而且体现为语言使用的规则受到文化的影响。不同文化的语用规则是有差异的，了解不同文化的语用特点和规则才能避免跨文化交际中的语用失误。

一、礼貌原则与策略

在影响语用规则的众多因素中，礼貌原则是非常重要的。讲究礼貌是各文化中的普遍现象，礼貌起着维护交际双方均等地位和促进友好关系的重要作用。虽然人们说话需要遵循合作原则，但是有的时候为了维护礼貌原则，人们甚至可以牺牲合作原则。Leech(1983)指出礼貌原则包括以下准则：

①得体准则。

②慷慨准则。

③赞扬准则。

④谦虚准则。

⑤一致准则。

⑥同情准则。

虽然人们都普遍遵循礼貌原则，但不同文化对于礼貌的各项准则的重视程度不尽相同。Leech(1983)指出："东方有些文化社团（如中国和日本）比西方国家有更重视谦虚准则的倾向，操英语的文化社团（尤其是英国）更重视得体准则，地中海国家更重视慷慨准则，而不太重视谦虚准则。"中国人对于别人的称赞回答"哪里哪里"，而美国人则回答"谢谢"。中美回答称赞方式的不同反映了中国人遵循的是谦虚准则，美国人遵循的则是一致准则。

顾曰国(1992)指出了中国人礼貌的四个特征：尊重、谦逊、热情、文雅。并提出了中国人的五条礼貌准则：

①贬己尊人准则。

②称呼准则。

③文雅准则。

④求同准则。

⑤德、言、行准则。

顾曰国认为在这些礼貌准则中，贬己尊人准则是中国人最重要的礼貌准则。

礼貌与面子的观念相关。在 Brown 与 Levinson(1987)看来,面子就是一个人在公众面前要努力获得的个人形象。他们认为,每个交际参与者都有两种面子需求:积极面子(positive face)和消极面子(negative face)。积极面子是指希望得到别人的赞同、喜爱、欣赏和尊敬;消极面子是指不希望别人强迫自己,希望自己的行为不受别人的干涉、阻碍,有自己选择行动的自由。他们认为,许多言语行为在本质上是威胁别人面子的,因此需要说话人采取礼貌策略来减轻某些交际行为给听话人的面子带来的威胁。那么礼貌策略的使用程度受到以下三个因素的制约:

①说话人与听话人之间的权力距离。

②说话人与听话人之间的社会距离。

③言语行为的强加程度。

虽然 Brown 与 Levinson 和 Leech 一样,也试图说明礼貌原则和礼貌策略具有文化的普遍性,他们专著的书名就是《语言使用的普遍性:礼貌现象》(*Politeness: Some Universals in Language Usage*),但是对于影响礼貌策略的三个因素,不同文化的人们对于权力距离和社会距离的理解和重视程度是不同的。在等级观念比较强的文化中,权力距离是影响人们使用礼貌策略的最重要因素,而在强调平等的文化中,社会距离可能是影响礼貌策略使用的主要因素。

早期的跨文化语用学主要研究与礼貌相关的言语行为在不同语言中被理解和实施的特点。最有影响的研究是 Blum-Kulka 等人在 20 世纪 80 年代所做的 CCSARP(Cross-Cultural Speech Act Realization Patterns)项目。这个项目对八种语言中的"请求"和"道歉"这两个言语行为进行了对比,考察了在不同文化语境中实现言语行为的常用策略和礼貌程度,以及影响语用策略选择的文化因素。这项研究以第二语言学习者为对象,考察他们如何理解和实施目的语的言语行为以及对礼貌程度的判断。此项研究对于了解第二语言学习中文化学习的特点、语用迁移和语用失误等问题都有重要的启发意义。

称呼语、称赞语、道歉语和请求语是与礼貌有密切关系的言语行为,也是跨文化语用学研究最多的言语行为。下面我们就重点讨论这几种言语行为在跨文化交际中的异同。

二、称呼语

称呼是语言交际中最频繁出现的言语行为。对别人使用得体的称呼是礼貌的基本要求,同时称呼也反映了不同文化的人们对社会关系的理解。称呼语分为面称和叙称两种,称呼形式包括亲属称呼和社交称呼。在这里我们主要讨论用于面对面交际的社交称呼。由于称呼语受到民族传统、社会结构和价值观念的制约,不同的文化在称呼的使用方面具有不同的特点。

Brown 与 Ford(1964)把美国英语中的称呼形式划分为三类:相互称名;相互称"职衔+

姓”;一方称名,一方称“职衔+姓”。陈松岑(1989)的《礼貌语言初探》对中国当代的称呼体系做了详细的描述,把中国的称谓语分为七类:亲属称谓、职业称谓、职务称谓、通称、姓名称谓、人名称谓、不称。在跨文化交际中存在较大差异并容易引起误解的是泛亲属称谓、职务称谓和姓名称谓。

在社会交往中使用亲属称谓是大多数集体主义文化的特点,反映了家庭关系在人际交往中的重要性。中国人有亲属称谓泛化的倾向,亚洲的很多其他国家如韩国、泰国、越南等也有类似的特点。中国人往往根据对方的辈分、年龄和场合来选择合适的亲属称谓。“爷爷、奶奶、大伯、大娘、叔叔、阿姨、大哥、大姐”是中国人在社交中经常使用的亲属称呼。但是在英语国家,亲属称谓很少在社交场合使用。对于父母的朋友,孩子可能也会使用“Uncle+名”或者“Aunt+名”的形式来称呼,但一般不会用这种方式称呼陌生人。对老年人直接称呼“爷爷、奶奶”的情况也很少见,因为这容易引起对方的不快,“老”在西方文化中是一个比较忌讳的概念。

在大多数文化中,使用“职衔+姓”都是礼貌而正式的称呼形式。相对而言东亚国家使用“姓+职务”的称呼形式较为频繁。而 Brown 与 Ford 发现,美国人在地位相同或不同的人之间都倾向于互称名字,而且可以在很短时间里从称呼“职衔(头衔)+姓”转变成称呼名字,有的美国人初次见面就请求对方直接称呼自己的名字。相比之下,英国人在称呼方面比美国人更正式一些,特别是对老年人和社会地位高的人经常采用“职衔(头衔)+姓”的称呼方式,但是在地位不同的熟人之间互相称呼名字的情况也很常见。其他的西方国家如法国和德国也比较喜欢使用正式的称呼。

免姓称名也是一种容易引起跨文化误解的称呼方式。西方人在兄弟姐妹之间、朋友之间、上下级之间都经常使用互相称名的方式。但是有人说美国的孩子经常直呼父母的名字,这其实是一种误解。美国因为离婚率较高,许多家庭是再婚的家庭,孩子会直呼继父或继母的名字,但是不会这样称呼自己的亲生父母。而在中国文化中,一般只有家人和朋友之间才采取免姓称名的形式,表示他们之间亲近的关系。名字只有一个字的时候,一般只有配偶或恋人才会称呼一个字的名字,表示亲密的关系。例如一位中国女士叫“张红”,一般只有她的丈夫或恋人会称呼她为“红”。外国人如果不了解中国的这种称呼名字的规则,可能会造成误会。如果一个外国男性称呼中国女同事为“红”,可能会令这位女同事感到尴尬。R. Scollon 与 S. W. Scollon(2001)用了下面一段对话为例说明称呼语在跨文化交际中引起的尴尬:

[在飞机上美国商人 Andrew Richardson 与中国香港商人楚洪发(音译)相遇]

Richardson:我是 Andrew Richardson,我的朋友叫我 Andy。这是我的名片。

楚洪发:我是楚大卫,很高兴认识你,Richardson 先生。这是我的名片。

Richardson:不,不,叫我 Andy。我觉得我们可以在一起做很多生意。

楚洪发:我也这样希望。

Richardson:(读名片)楚—洪—发。洪发,我明天一到饭店就给你打电话。

楚洪发:(愣了一下,有点不自然)好,我等你的电话。

在这段初次见面的对话中,中国香港商人楚洪发喜欢使用礼貌而正式的称呼,所以他称呼对方为“Richardson 先生”,而美国商人 Richardson 喜欢较为随意的称呼,所以他不仅让对方称呼自己为“Andy”,而且还直接叫对方的名字“洪发”,这让楚洪发觉得有些不自在。因为在中国文化中,只有亲人和熟人才直接称呼名字,第一次见面这样称呼显得唐突无礼。他们之间的尴尬不仅表现了称呼使用方面的文化差异,也反映了交际风格方面的文化差异。

通称也是一种普遍使用的称呼方式。英语里经常使用的通称有“Mr. +姓、Ms. +姓”等,对于陌生人则用“Sir”或“Madam”。在不知道对方姓名的时候不能单独用“Mr.”或“Ms.”称呼对方。对于不熟悉的女性,一般用“Ms. +姓”的方式,因为使用“Ms. +姓”的称呼不必考虑对方年龄或结婚与否,而且西方女性出于保护自己隐私的原因,也比较喜欢这样的称呼。在西方中小学,学生常常用“Mr. +姓”或者“Ms. +姓”来称呼他们的老师。而在大学里,对于有学术头衔的教师则要使用“Dr. +姓”或者“Professor+姓”的称呼。林大津(1996)曾指出,如果对有博士学位和教授头衔的教师或学者称“Mr. +姓”,就显得正式有余而尊敬不足了。在汉语中,常用的通称有“先生、女士、小姐、同志、师傅”等。一般来说,对受过良好教育的专业人士、公司白领等称呼“先生”和“小姐”显得正式而礼貌,对技术工人等蓝领阶层的人称呼“师傅”显得比较亲切。

三、称赞语

称赞是人际交往中一个重要的言语行为,称赞的主要功能是建立良好的社会关系。它的功能包括打招呼、表示感谢、表示抱歉、引出话题等。在跨文化交际中,称赞语是使用非常频繁的言语表达,但是称赞的对象、内容、频率和回答方式都有跨文化的差异,使用不当会造成尴尬或误解。

称赞语在语言形式上是高度格式化的。Manes 与 Wolfson(1981)对美国人的称赞语做了调查,结果发现在句式方面,85%的英语称赞语是用以下三种句式:

①NP+is/look +Adj.

例:You are in good spirits today.(今天你看起来很精神。)

②I+ like/love +NP

例:I like your scarf.(我喜欢你的丝巾。)

③Pron. +is +Adj. +NP

例:This is a beautiful house.(这是一个很漂亮的房子。)

另外,根据他们的研究,英语称赞语中出现最多的五个形容词是“nice、good、beautiful、pretty、great”,占所有称赞语形容词出现频率的80%,其中,“nice”和“good”又占了这五个词出现频率的42%。

汉语称赞语的句式也很集中。根据贾玉新(1997)的调查,汉语称赞语的主要句式与英语相似,所不同的是,中国人很少使用类似于英语的第二种句式"I+like/love+NP"这种形式来表达称赞。用"我喜欢你的……"方式来称赞别人的物品,容易给人留下贪婪的印象。对这样的称赞,中国人也很可能会以为是一种间接的请求。例如:

A:我喜欢你的丝巾。

B:喜欢吗?送给你吧。

称赞语的跨文化差异体现在称赞的频率、内容和对象方面。Barnlund与Araki(1985)的研究显示,美国人称赞别人的频率远远高于日本人。日本人赞扬别人最多的是才能和表现,而美国人则主要称赞外貌和个人品质。在称赞外貌方面中国人与美国人有很大不同。中国人不太称赞别人的外貌,这与中国人重视内在道德修养和崇尚含蓄有关。异性之间更是很少评价外貌。而美国人经常称赞别人的外貌。按照Manes的解释,对外貌的称赞表现了美国人重视新事物和追求变化的价值观,也说明美国人更重视称赞的交际功能。但是美国人称赞外貌大多是称赞衣着打扮的变化,而不是评价别人的长相,因为衣着打扮是人为的结果,而且是变化的,而人的长相是天生的,往往不能改变。所以当中国人称赞美国女生漂亮或小伙子很帅的时候,美国人很可能会感到吃惊和尴尬。

称赞行为中最大的跨文化差异体现在对称赞语的回答方式上。Holmes(1995)把对称赞语的回答方式分为三类:接受、拒绝和回避。英语国家的人一般采用接受的方式,回答"thank you"。而中国人常常进行否定,回答"哪里哪里、不敢当、过奖了"等。如Leech所提出的那样,英国人和美国人在称赞回应方式上遵循的是一致准则,而中国人遵循的是谦虚准则。当中国人与西方人以各自的方式在交际中回答对方的称赞时,可能会出现一些交流的障碍或误解。

需要说明的是,虽然英语中回答"thank you."的比例很高,但是单独使用这种方式的却很少,英语国家的人大多采用"thank you+其他策略"的组合方式回答称赞。这种现象与Herbert(1988)对美国人的调查和Holmes(1995)对新西兰人的调查结果大致相符。虽然大多数中国人使用否认和回避策略来回答称赞,但并不是对所有赞扬都一律回答"哪里哪里"。中国人对于外貌方面的称赞大多回答"谢谢"或者"是吗",对才能与表现方面的称赞则大多表示否认,回答"不行不行,还差得远呢"。原因是中国人把对外表的称赞看作是一种客套话,用"谢谢!"或"是吗?"表达赞同对方的意思,而把对才能或表现的称赞看作是真正的称赞,因此回答时避免自我赞扬。另外,汉语中的回答"是吗?"与英语的"Really?"或者"Do you think so?"的内涵意义是不同的。英语中这样的回答带有怀疑语气,有否定的含义,但是中国人对别人的称赞回答"是吗!"并不是拒绝,而是一种间接的接受,反映了中国人讲求含蓄的特点。

四、道歉语

道歉也是交际中常见的言语行为。道歉是一种补救措施,它的基本功能是对冒犯行为进行补救,从而恢复社会关系的平衡与和谐。跨文化交际中,道歉表达在内容、形式等方面都存在差异,很容易引起交际中的误解。西方人常常抱怨中国人很少说“对不起”,认为中国人不讲礼貌。实际上,中国人和西方人在道歉的使用场合和表达形式上存在着很大差异。

Holmes(1990)认为道歉策略主要包括四种:

①明确道歉。

例:对不起。

②解释或说明原因。

例:路上堵车了,所以来晚了。

③承担责任。

例:这是我的错,我一定要赔你。

④对未来做出承诺。

例:下次我一定要早一点儿出来。

道歉语也是一种在语言形式上高度格式化的言语行为。英语道歉语常用的词汇不超过十个,主要有“apologize、forgive、sorry、regret、excuse、pardon、be afraid that”等。在汉语中则是“对不起、不好意思、原谅、抱歉、遗憾”等词汇出现的频率较高。大量的实证研究表明,不同文化中人们使用的道歉策略具有相似性。道歉语大多包括直接道歉和承担责任两个部分。

道歉行为的跨文化差异主要是在内容、频率以及影响道歉的社会文化因素方面。根据Holmes(1990)的总结,英语中的道歉内容大致分为以下六个方面:碰撞身体、打断谈话、社交失态、占用时间、损坏物品、带来不便。中国人在碰撞身体和社交失态两个方面较少道歉。在西方社会,如果在谈话中或者在很安静的场合突然咳嗽、打嗝或者打喷嚏,会认为是一种社交失态,一般会说“sorry”或者“excuse me”。中国人觉得这种情况对别人影响不大,一般不需要道歉。在公共场所碰到了别人的身体,英美人会说“sorry”,即使没有发生身体接触,只占用了别人的个人空间也会说“excuse me”。但是中国人发生身体轻微碰撞时较少说“对不起”。按照胡文仲(1999)的解释,因为中国人口众多,公共场所相对拥挤,在公共场所发生身体轻微碰撞的情况比较常见,人们对拥挤的容忍度相对较高,因此很多中国人觉得没有道歉的必要。

权力距离和社会距离对不同文化的道歉语产生了不同的影响。根据贾玉新(1997)的调查,中国的长辈对晚辈或上级对下级采用直接道歉策略的比例要低于美国人。如果是下属在与上司的约会中迟到了二十分钟,他的道歉可能会是这样的:“实在对不起,路上塞车了,我没有想到要等这么长时间，以后我会早一点儿出来。”在这里这个下属使用了四种道歉策略：直接道歉、说明原因、承担责任、允诺克制。但是如果上司在与下属的约会中迟到了二十分钟，他可能只说一句“路上塞车了”来表示抱歉，并不直接使用道歉语。但在西方文化中，无论双方的地位高低，道歉都需要包括明确的道歉词，如“I am sorry.”“I apologize.”等。这说明在中国文化中，权力距离对道歉策略的选择有重要影响。

跨文化交际中经常出现道歉语的误用情况。英语学习者常常因为分不清“I am sorry.”和“excuse me.”而出现语用失误。Borkin 与 Reinhart(1978)指出，“excuse me.”主要用来补偿对社交礼仪的违背，而“I am sorry.”主要用来补偿对一个人权利的侵犯或者对一个人感情的伤害。比如，当一个人将要打断别人的谈话或者即将占用别人的私人空间的时候，用“excuse me.”更为合适。而踩了别人的脚或者占用了别人的时间，用“I am sorry.”则比较得体。另外，英语中的“really sorry”和“very sorry”在含义和用法上也是有区别的。在英语国家的人看来，“really sorry”表达更诚恳的道歉或遗憾，而“very sorry”常常用于一般的社交礼节。比如在餐厅里把咖啡溅到了朋友的身上，英语母语者倾向于使用“really sorry”，而英语学习者则可能使用“very sorry”，但是后一种方式的道歉会被英美人误以为道歉不够诚恳。

汉语学习者也会出现道歉语的语用失误，“I am sorry.”在英语中具有表达道歉和遗憾的双重功能，而汉语的“对不起”只表示道歉，并没有表示遗憾的含义。由于英语的语用迁移，有的汉语学习者会用“对不起”来表达遗憾，例如：

A：昨天我没来上课，因为我的女朋友住院，我去照顾她了。

B：是吗？真对不起。

五、请求语

请求是一种指令性的言语交际行为，说话人发出请求的意图是让听话人按照自己的意愿去做某件事，由于对方是“受损”的一方，请求语在本质上是“无理”的，因此需要使用礼貌策略来补偿对方的“损失”。Bonvillain(2003)指出：“请求是一种复杂的交际行为，它不仅涉及对某种行动的要求，而且与交际双方的社会和情感的联结有关。”所以，请求是各种言语行为中最复杂也最具有跨文化差异的言语行为之一。请求语的使用往往能够显示交际双方权利和义务的微妙关系。

Ervin-Tripp(1976)把英语中请求行为的表达方式分为六种：陈述型、命令型、包孕命令型、请示型、提问型、暗示型。

祝畹瑾(1992)也把汉语的请求语归纳为六种：

①含“好吗/行吗/能……吗/可以……吗”或“好不好/行不行/能不能/可不可以”等的询问式。

例:老师,您可以给我写一封推荐信吗?

②含"请、劳驾、麻烦您"等的祈使句。

例:麻烦您给我挂内科。

③一般疑问句。

例:服务员,有醋和酱油吗?

④一般祈使句。

例:给我复印一下这个文件。

⑤暗示句。

例:哎呀,我今天没带钱包。

⑥陈述句。

例:妈妈,我要吃煎荷包蛋。

请求的言语行为与礼貌的关系非常密切。一般来说,越间接的请求显得越礼貌。请求别人开门,英语中的以下几种表达方式越来越间接,其礼貌程度也就越来越高:

①Open the door.

②Open the door, please.

③Can you open the door?

④Could you open the door?

⑤Would you mind opening the door?

⑥It is hot here.

因为疑问句比祈使句听起来更间接,英国人和美国人通常用疑问句来表达请求以达到礼貌的目的。但是在汉语中使用"请+祈使句"的方式也是比较礼貌的。比如,"请您递给我那个盘子。"也是一种礼貌的请求方式,因为在请求语中同时使用了尊称形式"您"和礼貌标记词"请"。但是英语请求语的礼貌形式是以"can/could you"或者"will/would you"开头的疑问句,使用祈使句被认为是粗鲁的请求。

判断请求行为是否礼貌是受到文化制约的。权力距离是影响汉语请求语的一个重要因素。下级对上级、晚辈对长辈表示请求时使用疑问句式才显得礼貌,而上级对下级、长辈对晚辈用祈使句表达请求也是可以接受的。例如,经理让秘书去复印文件一般会说"把这些文件复印一下",而较少说"你能帮我复印一下文件吗?"父亲让儿子去修自行车会说"去给我修理修理自行车",而很少说"你能帮我修理一下自行车吗?"但是在英语中,无论说话人的地位如何都应该避免使用简单的祈使句来表达请求,而应该采用间接的疑问句形式。Bonvillain (2003)指出:"在正式的社交场合,即使是社会地位高的人直率地表达权威也是不合适的。"

正是由于语言形式和文化规则的差异,汉语里的"请+祈使句"的礼貌请求方式在英语中听起来是唐突无礼的,这也是为什么外国人常常觉得中国人表达请求时太直接的原因。

Goldschmidt(转引自 Susan Gass、Larry Selinker,2011)举了以下的例子:

Student:I have a favor to ask you.(我想请您帮个忙。)

Professor: Sure. What can I do for you?(没问题,我能为你做什么?)

Student: You need to write a recommendation for me.(您需要给我写一封,推荐信。)

英语国家的教授听到这样的请求一定会生气,心想:"说我'需要'写封信,你是什么意思?"显然这个来自其他国家的学生没有理解"need"这个词带有强烈的命令语气,而且他也没有使用英语中更为礼貌的疑问句式来表达请求,因此这个请求听起来粗鲁无礼,会给教授留下负面的印象。

第四节 语言交际风格与文化

交际风格是指说话的特点。交际风格体现了特定文化的人们理解和使用语言的方式,因此交际风格与文化关系密切。Brislin(2000)认为,交际风格的不同是造成跨文化交流障碍最重要的因素之一。学者们在讨论跨文化交际的不同语言交际风格时,谈得最多的是直接与间接的交际风格、谦虚与自信的交际风格、归纳与演绎的交际风格。

一、直接与间接的交际风格

直接与间接的交际风格是低语境文化和高语境文化的重要体现,也是中西方文化在交际风格方面最显著的差别。低语境文化中的人们谈话以说话者为中心,喜欢直截了当,不喜欢拐弯抹角,而且主要通过语言来解读对方的意图。而高语境文化的人们以听话者为中心,喜欢比较委婉的表达,经常通过暗示表达真实想法,听话者根据语境揣摩对方的意图。Gao与 Ting-Toomey(1998)引用了以下三段对话,来说明美国人的直接交际风格和中国人的间接交际风格的不同,以及在跨文化交际中所引起的误会和沟通的不顺畅。

场景 1

美国人 1:这个周末我们要去新奥尔良。

美国人 2:真有趣。希望我们能跟你们一起去。你们在那里待多长时间?(如果他需要我送他们去机场,他会提出来。)

美国人 1:三天。另外,你能开车送我们去机场吗?

美国人 2:当然可以,什么时候?

美国人 1:这个星期六的晚上 10 点半。

场景 2

中国人 1:这个周末我们要去新奥尔良。

中国人 2:真有趣。希望我们能跟你们一起去。你们在那里待多长时间?

中国人1:三天。(我希望他能开车送我们。)

中国人2:(他可能需要我开车送他们去机场。)需要我送你们去机场吗?我可以去。

中国人1:不会给你添太多麻烦吧?

中国人2:一点儿也没有。

场景3

中国人:这个周末我们要去新奥尔良。

美国人:真有趣。希望我们能跟你们一起去。你们在那里待多长时间?

中国人:三天。(我希望他能开车送我们。)

美国人:(如果他需要我送他们去机场,他会提出来。)祝你们玩得开心。

中国人:(如果他想开车送我们去机场,他会提出来的。我最好找别人帮忙吧。)谢谢。回头见。

场景1中两个美国人的对话体现了直接的会话风格,场景2中两个中国人的对话则表现了间接的会话风格,在美国人之间和中国人之间的交流都没有出现误解。但是场景3中美国人和中国人的交流却出现了误解。在美国人看来,如果对方需要自己开车送到机场会直接提出来,如果不提出来就表示不需要送。而按照中国人的理解,如果对方想送自己去机场会主动提出来,没有提出来就表示不能去送。直接风格与间接风格的差异导致了这次交际的误解和失败。

语言交际风格往往是价值观的外在反映。个体主义和集体主义文化对交际风格有直接的影响。个体主义文化强调尊重个人的隐私,喜欢使用直截了当的方式表明自己的看法。美国文化是直接交际风格的典型代表。而集体主义文化注重人际关系的和谐,喜欢采取委婉间接的方式表达自己的意图。东亚国家的文化是间接交际风格的代表。

交际风格还与面子的观念有关。东亚国家的人多采用间接的交际方式,主要出于维护自己和对方面子的考虑。直接请求别人而被拒绝会让自己丢了面子,而且对方拒绝自己的请求也会感到不好意思,这样也会伤害了对方的面子。因此,出于保护自己和别人面子的考虑,人们往往采用暗示、试探或模棱两可的间接策略,而不直接地表达请求、拒绝、反对和批评。在东亚国家的人看来,维持和谐的人际关系比真实表达更加重要。

交际风格的不同可能是东亚国家的人和西方人在跨文化交流中感到最困惑和沮丧的方面。西方人常抱怨中国人很难理解,不够真诚。而中国人往往会觉得西方人过于直率,不懂人情。

二、谦虚与自信的交际风格

谦虚与自信的交际风格是东西方文化中另一种比较明显的交际风格差异,也是一种容易引起跨文化误解的交际风格差异。

中国人崇尚谦虚的美德，在语言表达上也尽量低调、含蓄。明明送给别人比较贵重的礼物，却说："一点小意思，不成敬意。"准备了丰盛的饭菜招待客人，主人却说："只是家常便饭，你凑合着吃吧。"本来拥有重要的研究成果，学者却在发言的开头说："我的研究不太成熟，若耽误了大家的时间，请原谅。"Brislin（2000）曾经总结了美国人和日本人在演讲方面的不同：美国人的发言常以讲笑话做开场白，日本人则常以道歉做开场白。西方文化强调自信和直接表达，送给别人一件小礼物时会说："这是我特意为你准备的礼物，希望你喜欢。"招聘会上应聘者会信心满满地说："我在这方面积累了丰富的经验，我完全可以胜任这个工作。"

下面两段话分别摘自国内外两本跨文化交际专著的前言，从中我们可以看到中国人自谦和西方人自信风格的不同。关世杰（1995）的《跨文化交流学》是国内出现较早并很有影响的一部著作，作者在书的前言中写道：

作者由于主客观条件，深感学力有限，书中自然有疏漏和缺点，热切希望读者不吝赐教，以待来日改正。但愿此书能作为引玉之砖，促进我国跨文化交流学的发展。

Samovar、Porter 与 McDaniel 的《跨文化交流》（*Communication between Cultures*）是西方一部经典的跨文化交际专著，作者在第七版的再版前言中是这样表达的：

Our pleasure was great when we realized that our previous efforts were successful enough to warrant this new edition. It means that during the last thirty-eight years, our message regarding the importance ofintercultural communication appears to have had merit and an audience. Our excitement centered on the realization that we were once again going to be able to tinker with what we had done in six earlier editions. …We believe that we have been able to fuse the past, present, and future ofintercultural communication into this new edition.（当我们意识到我们以往的努力成功地保证了这一版的出版时，感到巨大的满足和愉快。这意味着在过去三十八年里，我们关于跨文化交际重要性的看法显示出了优点，并拥有读者。我们也很兴奋，因为我们又一次能够把过去六个版本中的内容加以修订。……我们确信能够把跨文化交际的过去、现在和未来融合在这个新的版本中。）

两本书的作者都是跨文化交际领域的知名学者，然而在介绍自己的书时却表现出截然不同的交际风格。中国学者使用了"学力有限、疏漏、缺点、不吝赐教、改正、引玉之砖"等自我贬抑的谦辞，表现了谦虚低调的风格。而美国学者则使用了"successful、merit、be able to、believe"等自我肯定的词，表现出充分的自信。

谦虚或自信的交际风格也是价值观的体现。个体主义文化强调人的自信和争先精神，追求与众不同。而集体主义文化强调个人与集体的和谐，崇尚谦虚的美德和含蓄的表达方式。汉语和日语中都有很多格言和谚语是倡导谦虚的。Ting-Toomey（1999）指出在应聘时美国人努力表现自己的能力，而中国人则对自己的能力尽量淡化。她认为这两种不同的交际风格反映了两种不同的文化逻辑。中国人的逻辑是：如果我做得好，我的上司会看到，不用我自己去表白。而美国人的逻辑是：如果我做得好，我要表白以便让我的上司知道。

三、归纳与演绎的交际风格

中西方文化在语言交际风格方面另一个明显的不同点是话题的引入方式。R. Scollon与S. W. Scollon(2001)认为，在谈话中亚洲人通常使用“主题—评论”的说话顺序，主要的观点在等到有充足的背景性介绍之后才提出来，或者在经过了很长一段时间的寒暄之后才引入正题，西方人大多在谈话开始就开门见山地提出主要观点，然后再提出论据加以说明。他们把前者的会话风格称为“归纳式”，后者的会话风格称为“演绎式”。

Zhang(1995)比较了归纳式和演绎式谈话风格的不同。同样是教师通知学生做课堂演讲，一位丹麦老师是这样说的：

我给你打电话是想知道你是否可以做你的课堂演讲。这不是我们的原定计划，但是更适合课程的结构。当然如果你没有准备好的话，你不必一定要答应，我可以考虑找别的同学。

中国老师则是这样表达的：

是××吗？我是××。我想跟你说件事。最近学校要求给学生一周社会活动的时间，所以我们的教学计划得改变，那将影响你们课堂演讲的安排。你可以抓紧一点儿提前一周做你的课堂演讲吗？如果时间太短，你可以两周以后再交书面报告，怎么样？你可以做吗？

丹麦老师首先直接告诉学生打电话的目的是询问他是否可以做课堂演讲，然后再说明这样做的理由是考虑到课程的结构，用的是演绎式的谈话策略。而中国老师则先解释改变教学计划的原因是最近学校要求给学生安排社会活动的时间，然后才提出让学生提前做课堂演讲的请求，使用的是归纳式的谈话方式。

采用归纳式还是演绎式的谈话方式体现了人们不同的文化观念。R. Scollon与S. W. Scollon认为中西方在话题引入方式上的差异与面子的观念有关。中国人先陈述理由或原因再下结论是考虑对方的感受，也给自己留有余地，因此面子协商的热身时间比较长。这种交际风格优先考虑的是人际关系的和谐和对双方面子的维护。而西方人喜欢直截了当，他们认为直入主题可避免谈话的模糊性，提高效率。R. Scollon与S. W. Scollon引用了一位美国商人的话来进行说明：“所有你需要说的就是五个‘W’和一个‘H’，即‘what、who、where、when、why、how’，如果太长，你就损失了金钱。”

跨文化交际中的许多误解是由这种谈话方式的不同引起的。因为西方人会把注意力放在谈话的开始部分，而中国人则把关注点放在谈话最后的结论。西方人直入主题，会给中国人留下唐突无礼的印象。而中国人先聊其他再进入主题的方式会让西方人不明白对方要说什么，造成双方的误会。

对汉语教师的建议：

①语言和文化密不可分，汉语教师要充分理解语言和文化的关系，善于思考和发现蕴含在语言中的文化因素，培养敏锐的“文化意识”。

②语言的含义与文化有密切关系。汉语教师要特别关注词语的内涵意义，特别是词语的象征意义、联想意义、风格意义、感情色彩等与文化密切相关的内涵意义。

③语境是影响语言理解和使用的重要因素。汉语教师要注意辨析特定语境中汉语的含义和使用特点，突出语言使用的得体性。

④语言交际风格的差异是造成跨文化交际障碍的重要原因。高语境文化和低语境文化模式对语言交际风格有深刻的影响。汉语教师要理解高语境文化和低语境文化与语言交际风格的关系，分析造成跨文化语言交际障碍的文化原因。

⑤语言的含义和使用规则具有跨文化的差异性。汉语教师要对语言交际的跨文化差异有敏锐的洞察力，并采取尊重和宽容的态度。

第四章
跨文化非语言交际

跨文化交际中，人们不仅使用语言，还使用非语言行为来进行交际。非语言行为包括眼神、手势、表情、触摸等肢体语言，也包括对时间和空间的利用。由于跨文化交际中的大部分信息是靠非语言行为传递的，同时由于非语言交际具有模糊性和文化规约性，并受到语境的影响，因此非语言交际行为是产生跨文化交际误解和冲突最多的领域之一，也是跨文化交际研究的中心内容。了解特定文化中非语言行为的含义和规则，有助于增强跨文化的敏感性，提高跨文化交际的有效性和得体性。在这一章中，我们主要讨论的内容是：非语言交际，体态语与文化，时间观念与文化，空间利用与文化。

第一节　非语言交际

一、什么是非语言交际

非语言交际是人类交际的重要组成部分，是跨文化交际的主要形式之一。那么，什么是非语言交际呢？以下几种比较有代表性的定义会帮助我们理解非语言交际的特点。

①一切不使用语言进行的交际活动统称为非语言交际。（胡文仲，1999）

②通过多种交际渠道进行有意和无意的编码与解码的非语言行为。（Ting-Toomey，1999）

③非语言交际涉及所有在一种交际情景中发出者自己生成的以及他（她）对环境利用形成的非语言刺激。这些刺激对发出者或接受者具有潜在的信息价值。（Samovar etal.，2010）

以上三种定义强调了非语言交际的以下特点：非语言交际不包括语言，而是包括了各种非语言的交际行为；非语言交际具有互动性，涉及信息的发出者和接受者的编码和解码过程；非语言交际是在特定情景中产生的，与语境有密切的关系；非语言交际可能是有意的，也可能是无意的。

非语言交际的种类繁多，一般认为，与跨文化交际密切相关的主要有四类。

①体态语(Body Language),又称为身体语言。包括外貌服饰、面部表情、眼神交流、手势、姿势、身体接触等。

②副语言(Paralanguage),又称为伴随语言。指的是伴随语言发出的没有固定语义的声音,包括音高、音量、语速、话轮转换(Turn-taking)等。

③时间观念(Chronemics),又称为时间学。指的是人们如何对待和使用非正式的时间,例如人们对准时、预约、计划性、最后期限等问题的看法和处理方式等。

④空间利用(Proxemics),又称为距离学。包括个人空间、人体距离、座位安排、家具排列等方面。

二、非语言交际的特点

非语言交际与语言交际在有些方面具有相似性,在有些方面又表现出各自不同的特点。非语言交际的特点主要体现在以下几个方面。

1. 非语言行为可能是有意的,也可能是无意的

非语言行为中有些只是生理反应或个人习惯,有些则有明确意图。例如,人们面带微笑来表示友好和亲切,佩戴首饰来表现自己的品味和时尚,这些基本都是有意识的非语言行为。但是有些时候非语言行为是无意的,在跨文化交际中,无意的非语言行为被理解为有意的行为时,误解往往就会产生。例如,外国人常常抱怨中国人说话音量大,误以为中国人是在吵架,其实很多中国人习惯大嗓门说话,他们没有意识到大声说话给外国人留下了负面印象。

2. 非语言行为具有文化规约性

非语言行为与意义之间没有必然的联系,它的含义受到特定文化的影响。也就是说,每种文化的非语言行为都有特定的含义和规则。西方文化中,耸肩的动作表示“我不知道”或者“无可奈何”的意思,但是在亚洲文化中,这个动作没有特别的含义,也很少有人做这个动作。由于非语言行为具有文化规约性,在一种文化中得体的非语言行为,到了另一种文化中却可能会变成冒犯。中国的长辈常以摸孩子的头来表示喜爱和鼓励,而在泰国等佛教国家,触摸头部却是一种严重的冒犯。

3. 非语言行为受到语境制约

非语言行为的含义和规则不仅受到文化的影响,还受到语境因素的制约。语境因素包括交际双方的社会阶层、地位、教育程度、性别、年龄、个人爱好和性格等。有些非语言行为在有些语境中是合适的,而在另外的语境中就可能是不合适的。西方人见面喜欢拥抱和亲吻面颊,但是男性和男性之间的亲吻却是禁忌。西方文化强调准时,与工作相关的正式约会如果迟到是很不礼貌的事情,但是社交聚会时的迟到却是容易接受的。因此,理解不同文化

的非语言行为的特点时，应该考虑具体的语境，不能做过度概括。

4. 非语言行为具有模糊性

与语言行为的明确性和系统性相比，非语言行为具有模糊性。由于非语言行为可能是有意的，也可能是无意的，而且由于非语言行为的含义受到交际语境的影响，所以人们对非语言行为的含义或意图很难确定。正如 Wood(2008)所指出的那样："我们永远都不能确定别人是否理解了我们想要在非语言行为中表达的含义。"非语言行为的模糊性给跨文化交际带来了困难。例如，当来自两种不同文化背景的人在谈判时，如果一方保持沉默，另一方是很难理解这种沉默是表示赞同，还是表示反对或拒绝。

三、非语言交际的功能

非语言交际不仅具有以上特点，还具有以下这些重要功能。不少学者强调，非语言交际是交际中不可缺少的组成部分，而且大部分的交际信息是通过非语言行为传递的。Samovar、Porter、McDaniel(2010)和 Ting-Toomey(1999)都曾提到非语言交际的以下三种主要功能。

1. 传达真实的内在感情

非语言交际具有强大的情感力量。人们往往通过非语言行为来表达内心的感情和态度，人们也是通过非语言线索来判断对方的真实意图或动机。Ting-Toomey(1999)指出，当语言交际和非语言交际同时发生的时候，语言行为表达的是内容，而非语言行为表达的是态度和与别人的关系。比如，一个人接受一件不喜欢的礼物时，出于礼貌会说"真漂亮，我很喜欢"，但是他看到礼物时不经意间皱了皱眉头，于是对方便能从他的表情而不是他的言语中判断出他对这件礼物是否真的喜欢。

2. 营造交际印象

非语言交际的另一个功能是营造印象或达到吸引对方的目的。例如，面试时面试者着装、举止是否大方、得体，会给考官留下非常重要的"第一印象"。美国历届总统竞选电视辩论会上总统候选人的肢体语言往往比他们说的话影响更大，1992 年乔治·赫·布什在与克林顿的电视辩论中频频看手表，给选民留下了不耐烦和不专心的印象，这使他在后来的民意调查中处于劣势。在跨文化交际中，人们得体的外表和举止会给对方留下良好的印象，取得对方的信任，并使交际愉快地进行下去。

3. 进行会话管理

非语言交际还有一个重要功能是进行会话管理。手势、眼神、表情、谈话距离、沉默等非语言线索都对会话交流起着指引、解释和强化的作用。根据行为专家的观察，美国总统奥巴马在演讲中喜欢用控制性的手势来强调自己的主张，而他 2012 年的总统竞选对手罗姆尼则喜欢用敞开双臂和频频点头的动作表示他欢迎听众接受自己的主张。在跨文化交际中,当不同文化背景的人使用不同的非语言行为来管理会话时,可能会产生交流的障碍。比如,当日本人使用沉默、巴西人使用打断别人谈话来管理会话交流时,两种截然不同的非语言行为会使双方都感到不愉快。

四、非语言交际与语言交际的关系

语言交际和非语言交际是跨文化交际的两种主要渠道。虽然语言交际和非语言交际有各自不同的特点,但是它们并不是彼此孤立的。在很多情况下,非语言交际与语言交际相辅相成,非语言行为伴随着语言交际的进行而发生。陈国明(2009)认为,非语言交际的主要功能之一是支援语言交际,非语言交际对于语言信息起着重复、补充、代替、规范和否定等作用。

重复(repeating):非语言行为重复语言信息。有人问路:"图书馆在哪儿?"你回答:"就是西边那个楼。"同时你的手也指向西边。手的动作是在重复所说的信息。人们经常一边点头一边说"是",也是非语言动作对语言信息进行重复的例子。

补充(complementing):非语言行为对语言信息进行补充。你跟朋友约会迟到了,你说"对不起",同时流露出不好意思的表情,这种歉意的表情是在强调你想要表达的道歉之意。

代替(substituting):非语言行为代替语言的表达。交通警察在喧闹的马路上用手势示意司机停车,西方人用耸肩的动作回答别人的询问,都是非语言行为代替语言交流的例子。

规范(regulating):非语言行为还对语言交际起着规范的作用。比如,上课铃响了,老师把手指放在嘴边示意学生们安静下来。日语中的"嗨,嗨"和英语中的"uh-huh"都是规范会话的副语言手段,意思是表达"我在听着呢,你说下去"。

否定(contradicting):非语言行为所表达的意思与语言信息相矛盾,或者说非语言行为否定了语言表达的意思。比如,一个人演讲前说自己并不紧张,但是他的脸色发白,拿着发言稿的手微微颤抖,那么非语言行为就否定了他所说的话。

第二节　体态语与文化

一、外貌服饰(appearance)

人们的外貌服饰参与了交际,是非语言交际的一部分。中国有谚语说:"人靠衣裳马靠鞍。"英语中也有类似的谚语:"通过外壳你可以判断坚果。"(By the husk you may judge the nut.)人们往往通过外貌和衣着打扮来判断一个人的职业、受教育程度、社会地位和审美品位。人们在跨文化交际中也有"以貌取人"的倾向。衣着打扮得体会给别人留下美好的印象,使交际更加愉快和顺畅。衣着打扮不得体会给自己带来尴尬,甚至对别人造成冒犯。正如 Keating(转引自 Samovar etal.,2010)所强调的那样:"你的外貌所具有的吸引别人或疏远别人的交际力量与你所使用的语言一样大。"

人们的穿衣方式受到文化的影响,在一定程度上反映了其所在文化的价值观和审美观。伊斯兰国家的妇女穿长袍、戴面纱,避免在公共场合暴露自己的身体,这种习惯与伊斯兰国家的宗教观念有关系。而许多西方女性穿衣以性感、突出女性身材的特点为时尚,在海滩或晚会上她们喜欢穿比较裸露的衣服,这反映了西方人开放随意和崇尚个性的价值观。

教师的衣着应该庄重大方是世界各地普遍认同的。但对于教师在课堂上具体怎样穿着才算得体的问题,不同文化有不同的标准。在很多亚洲国家,如日本、韩国、新加坡和泰国,教师工作时的着装都比较正式,男教师大多穿西服,女教师大多穿比较正式的套装。因为这些国家有尊师重教的传统,教师正式庄重的穿着既表现了为人师表的风范,也强化了师道尊严的观念。泰国对女教师的着装有严格的规定:上课时穿的衣服必须有领子和袖子,裙子的长度要超过膝盖。埃及教育部规定:教师不能穿牛仔裤、戴金银项链上班,男教师禁止佩戴手镯。但是在美国社会,教师在课堂上的着装比较多样化,取决于教师的个人爱好和风格。有的教师穿西装,有的教师穿休闲装,有的教师甚至穿旅游鞋和牛仔裤上班,体现了美国人追求随意的风格。一般来说,中国的教师在课堂上的着装也较为随意,男教师穿夹克衫,女教师穿毛衣上课的现象比较普遍。

是否以及如何佩戴首饰和化妆,也表现了一定的文化差异。西方国家女性喜欢佩戴首饰,特别注重饰品与衣服的搭配,对饰品款式的要求多于对品质的要求,目的是突出个性特征。另外,在大多数西方国家,已婚男女一般都戴结婚戒指,一方面表明自己的已婚身份和对婚姻的忠诚,另一方面也避免社交中的误会和尴尬。中国女性戴首饰不如西方人那么普遍,如果要佩戴首饰很多人喜欢戴贵重的金银或珍珠首饰。中国大多数已婚人士不戴婚戒,男性戴戒指的就更少了。因为中国人对戴金戒指的男性往往有一种负面的印象,觉得有点张扬,像个暴发户。不过在国外工作的时候,中国的已婚教师可能会因为不戴婚戒而引起别人的误会,有的外国人看到你没有戴戒指,会以为你还是单身。因此中国教师要注意到中外文化在佩戴首饰方面的差异,避免引起跨文化交往中的误会。

在化妆方面,中国文化强调内在美和含蓄美,因此中国女性经常化妆的比较少,即使化妆也一般是化淡妆。相比之下,西方和其他很多国家的女性一般都化妆,而且妆化得比较浓重,因为这样一方面会让自己更有自信,给别人留下美好印象,另一方面也体现了对他人的重视和尊重。同时留学生也认为,女教师化淡妆比较得体,因为浓妆艳抹会分散学生的注意力。①

个人卫生习惯是比较容易引起跨文化误解的一个方面。虽然一个人是否每天洗澡和换

① 李芃.论中国英语对跨文化交际的影响[J].攀枝花学院学报,2012.

衣服与个人生活习惯和物质环境有关，但是在某种程度上也反映了文化价值观。英语中有这样的谚语："整洁仅次于圣洁。"(Cleanness is next togodliness.)西方人追求变化和突出个性的价值观从他们一般每天洗澡和换衣服就能体现出来。而很多中国人并没有天天换衣服的习惯，有的教师甚至连续一个星期都穿同一件衣服上课。这样的穿衣习惯会引起外国学生的误解，给他们留下中国教师不修边幅的负面印象。其实中国人这样做也有文化的原因。因为中国文化讲求含蓄和内敛，重视人的内在美德。如果一个人特别是男性每天都换衣服，往往会给人留下浅薄和炫耀的不好印象。

由于衣着打扮是重要的身体语言，关系到别人对你的印象和人际交往的质量，而汉语教师经常要与外国人打交道，因此更要注意自己的形象，在跨文化交际中给人留下良好的印象。

在衣着打扮方面对汉语教师的一些建议：

①在课堂上，女教师应避免穿紧身、暴露、透明和无袖的衣服，男教师应避免穿无领的上衣和短裤，要体现教师的职业特点和良好形象。

②注意个人的清洁卫生。有条件的情况下最好每天洗澡和换衣服，保持整洁和清新的形象会使你自己和周围的人感觉愉快和舒服。

③女教师适度化妆和佩戴合适的首饰会增加你的自信和个人魅力。但是浓妆或者过分的装饰会分散学生上课的注意力，给教学带来负面的影响。

④穿着打扮要适合场合和环境。出席正式的宴会、仪式或社交活动，应该穿正装，显示良好的形象和风范。

⑤不要穿着睡衣到街上活动或在家里会见客人。

二、面部表情(facial expressions)

面部表情往往是人的内心情感的自然流露。在交际中人们首先通过对方的面部表情判断他的真实情感和意图。在跨文化交际中，我们发现，有的文化里人们的面部表情比较丰富，喜怒哀乐溢于言表，而有的文化里，人们的面部表情比较含蓄平和，从面部表情较难看出内心的感受。一般来说，拉美国家和阿拉伯国家的人们面部表情比较丰富，阿拉伯人往往比较夸张地表现自己的喜怒哀乐，西班牙、意大利等国的男性在公共场合哭泣被看作是自然的事情。相比之下，东亚国家的人，特别是男性，表情比较平静和严肃，不苟言笑。中国人平静含蓄的表情经常给西方人留下一种"不可捉摸"(inscrutable)的印象，英语中"inscrutable"这个词的本义就是"因为面部没有表情，别人无法知道他的想法和感受"。

如何运用面部表情体现了不同文化对于情感流露的不同理解。日本人认为，一个人在公共场合克制自己气愤、悲伤、爱慕、高兴等强烈情感的流露是智慧和成熟的表现。韩国人认为微笑太多会显得这个人浅薄、轻浮。中国也有"男儿有泪不轻弹"的说法，一个男子在别人面前轻易掉眼泪，会被认为缺乏男子汉气概。另外在集体主义文化中，当众表达负面的情感会破坏人际关系的和谐，因此集体主义文化的人常常克制自己负面情感的流露。

微笑是人类非常常见的一种面部表情，也是最容易引起跨文化交际误解的一种表情。微笑通常表示快乐和友好。但在亚洲文化中，微笑还有一些其他的含义，它既可以表示愉快和欣赏，也可以表示害羞、尴尬、生气、抱歉、拒绝、否定等含义。日本人还常常用微笑掩盖内心的痛苦。我们在日本电影中看到过这样的情景：家里亲人去世了，男主人仍然面带微笑招待客人。这种非语言交流形式对欧美人来说是很陌生的。亚洲学生在西方课堂上有时会用微笑来回应老师的提问，就让西方老师感到很困惑。西方老师以为微笑表示有意愿回答问题，可是亚洲学生并不回答问题，只是微笑。亚洲学生在这种情况下的微笑可能有两种含义：一是不知道怎么回答，所以用微笑表示拒绝；二是不好意思在大家面前说话，这里微笑表示害羞。如果西方老师不理解微笑的这些特殊含义，就有可能产生误会。

微笑的使用对象和场合也体现了文化的差异。在东亚国家，人们较少对陌生人微笑，对陌生的异性微笑更为少见。如果男性对一个陌生的女孩微笑，可能会被认为是不怀好意。而年轻的女子对陌生男性微笑，则会被认为有些轻浮。德国人也只对认识和熟悉的人微笑。但是在美国，特别是在乡村和小城镇，陌生人在路上点头微笑或打招呼的现象很常见。刚到美国的中国人在路上碰到陌生人对他微笑，可能会以为这些人是不怀好意呢。

亚洲人较少对陌生人微笑的习惯与价值观有一定的关系。因为在集体主义文化中，人们比较强调圈内与圈外的区别，对熟悉的人和陌生人往往采用不同的交际方式。另外，权力距离也影响了微笑的行为。在权力距离比较大的文化中，下级对上级的微笑要多于上级对下级的微笑。而在比较讲求平等的文化中，则没有这种区别。

三、眼神交流（eye contact）

人们常说，眼睛是心灵的窗户。眼神的交流也传达出人们内心的情感和对别人的态度。对于眼神交流，不同的文化有不同的做法。眼神的直接交流在一种文化中被看作是礼貌的行为，但在另一种文化中则可能被认为是不敬和冒犯。

在大多数西方人看来，交谈时直视对方的眼睛是感兴趣、诚实和自信的表现，眼神游离被认为是不专注或者不真诚的表现。美国的学生从小就培养公众场合演讲的能力，他们所受到的演讲技能训练就包括如何与别人进行直接的眼神交流。如果一个学生在做课堂演讲时只低头看自己的讲稿，就会被扣分。阿拉伯人在讲话的时候也直视对方的眼睛，以示尊敬。但在东亚和拉美的一些国家，交谈中直视对方的眼睛是一种不敬，特别是下级对上级、晚辈对长辈说话的时候，俯首低眉、不直视对方的眼睛才是恭敬的表现。日本的老师教学生参加面试的技巧时，其中的一条建议就是注视对方鼻子和下巴之间的地方。

眼神注视的时间长短也有文化的差异。日本人把长时间注视别人看作是一种无礼和不敬的行为。而在阿拉伯国家，男性之间长时间的注视是得体的，在他们看来，注视别人既可以表明自己对对方所谈内容感兴趣，也可以了解对方言语表达的真实意图。同样属于西方文化，有的学者观察到德国人比美国人的注视时间要长，德国人会在谈话中直视对方的眼睛，这让一些美国人隐约觉得不舒服。从德国人的角度来看，这是诚实和对谈话感兴趣的表现，但是从美国人的角度来看，这种注视太强烈、直接。在北美文化中，长时间注视对方一般被认为是男性同性恋者的特征。

由于眼神交流的文化差异，东亚国家的人和西方人以及阿拉伯人交流的时候可能会出现误会。东亚国家的人眼神直视的时间较短，特别是异性之间的眼神交流时间更短。如果西方或阿拉伯国家的男性在与东亚国家的女性谈话时使用长时间注视的眼神，东亚女性一定会感到不舒服，而且有可能会误解对方的意图。中国教师期待学生在听教导或被批评的时候，低头不看老师的眼睛，而西方文化中的学生却从小被告知要直视老师的眼睛。当西方学生这样注视中国老师的时候，中国老师可能会误以为学生不服气、没有礼貌。

四、手势(gestures)

手势是交际中经常使用的肢体动作，虽然很多手势的动作具有普遍性，但是手势的含义却因文化而异。有的手势在一种文化中是正面的、幽默的、无害的动作，在另一种文化中可能就是负面的甚至是冒犯的动作，很容易引起跨文化交际中的误解和冲突。

竖起大拇指在中国文化中意味着“很棒”，在美国文化中表示“没问题”，在日本文化中代表“男人”“您的父亲”，但是在阿拉伯文化中，这个手势却是一种侮辱性动作，与美国人伸中指的手势具有相似的含义。Samovar、Porter 与 McDaniel(2010)举了这样一个例子:伊拉克战争中，美国军队进入巴格达的时候，大街上很多伊拉克孩子对着美国士兵竖起大拇指，美国士兵还以为这些孩子是在欢迎他们呢。

食指与中指交叉相叠在中国有些地方表示数字”十”，在英语国家则表示“祈祷幸运”“祝好运”，在越南文化中这个手势则是下流的动作。

大拇指和食指围拢成一个圆圈在不同的文化中也有不同的含义。在美国表示“OK”的意思，在日本和韩国表示“钱”，在中国，因为这个手势形成“WC”的形状，因此有时表示“厕所”，而在拉美一些国家，这个手势则是一个下流的动作。

“V”手势是很多国家的人们都熟悉的一种手势。在第二次世界大战中，英国首相丘吉尔使用了这个手势，使这个手势迅速流传开来。“V”手势一般表示“胜利”(victory)。但是如果“V”手势的手心朝内、手背朝外，在英国、澳大利亚、新西兰则是下流的动作，也表示对于权威的轻蔑。“V”手势后来还有了一个新的含义，表示“和平”(peace)，这个含义是在二十世纪五六十年代美国民权运动中逐渐形成的。大多数中国人更熟悉“V”手势表示的“胜利”含义。

五、姿势(postures)

姿势包括站、坐、蹲、跪等动作。在社会交往中,人们往往根据一个人的姿势和举止来判断他的性格和修养,但是姿势的得体性却是因文化而异的,并不具有普遍性。

日本人以见面行鞠躬礼著称,日本人的鞠躬动作不仅具有问候的功能,而且体现出对等级、社会地位和正式礼仪的重视。因此日本人对于尊者的鞠躬姿势越低,越表示尊重。地位低者要先鞠躬,而且一定要比对方的姿势更低,时间更长。如果双方地位相等,鞠躬则应该有同样的深度和时长。2009年,美国总统奥巴马访问日本期间,按照日本人的习俗,对日本天皇深深鞠躬,遭到了美国很多人的批评。他们认为鞠躬的方式并不是美国人的习俗,而且作为国家领导人,对其他国家的元首鞠躬是不合适的。这个例子说明,不同文化的人们对鞠躬的感知并不相同。

人们的坐姿也同样具有一些文化的特征。多数国家的人一般坐在椅子上交流,而阿拉伯人则喜欢坐在地上交谈,日本人也有坐在"榻榻米"上吃饭聊天的传统。在日本和韩国,盘腿坐是男性的常见动作,但是女性只能跪着坐,盘腿坐被认为是不文雅的。

蹲着的姿势在西方文化中被认为是一种不文雅的动作,欧洲人列举的中国游客的不文明习惯就包括了在公共场所蹲着。许多来中国的西方人也不习惯中国厕所的蹲厕,把它看成是在中国体验到的最奇怪的事情之一。但是在中国,蹲着的姿势比较常见,特别是在农村,人们蹲着吃饭或聊天是很常见的。看过《激情燃烧的岁月》这部电视剧的观众,一定对剧中老乡蹲在椅子上吃饭的情景印象深刻。即使在中国的城市里,我们有时也会看见有人蹲在路边等人或车站等车。当然蹲着的人多是男性,中国的女孩子从小就被父母教育蹲着的姿势是不文雅的。

在课堂环境中,中西文化里教师和学生的站姿和坐姿有比较明显的不同。中国的中小学生上课一般坐姿挺直,表现了很强的纪律性。但是在西方的课堂上,学生坐姿很随便,东倒西歪的情况很普遍,老师对学生的坐姿没有特别的要求。西方的老师在课堂上的站姿和坐姿也很随便,美国的教师有时还坐在讲桌上与学生互动。而在中国课堂上,老师一般都站着讲课,只有生病或年龄大的教师才坐着讲课。在中国人看来,教师随便的姿势会影响教师的形象,没有体现出师道尊严和严谨的治学态度。

六、身体接触(touch)

在人际交往中,人们常常通过身体的接触来表达感情和交流信息,传达出对人际关系的看法,因此身体接触是一种重要的非语言交际方式。由于身体接触具有很强的感情色彩,不同文化之间的差异也很大,因此跨文化交际中出现误解和尴尬的情况比较多。根据胡文仲(1999)的调查,中国学者在国外生活期间,最不适应的事情之一就是西方人拥抱和亲吻面颊的习俗。

西方学者曾经把世界上的文化分为“接触文化”和“非接触文化”。地中海文化(包括法国、西班牙、葡萄牙、意大利)、阿拉伯文化和拉美文化都是高接触文化,美国、英国、德国及北欧国家属于中等接触文化,而东亚、东南亚国家属于低接触文化。日本、柬埔寨、泰国等国的人们见面不习惯握手,只是鞠躬,基本没有身体的接触。中国也属于低接触文化,陌生人见面只是握手,没有其他身体部位的接触,而且由于受到“男女授受不亲”的传统思想的影响,异性之间的身体接触有较多禁忌。

握手是全世界最普遍使用的见面礼,但是握手的方式有一些文化上的差别。西方人握手的特点是一只手与对方相握,而且是紧紧握住,然后马上松开。但在中国,有时人们为了表示热情,会先用一只手握住对方的手,然后再把另一只手放上一起握,而且握的时间较长。这种握手方式让西方人感到窘迫。根据布罗斯纳安(1991)的解释,在英国和美国人看来,拉住别人的手不放与握手毫不相干,一般视为禁忌。

在泰国、柬埔寨等信仰佛教的国家,触摸别人的头是一种禁忌。他们认为,人的头是心灵的住所,是神圣不可侵犯的地方,如果有人碰了他们的头,他们就处于危险之中了。另外,东亚国家的人有双手接递名片或礼物的习惯,对长辈或地位高的人只用一只手接送东西是不礼貌的。但是穆斯林认为左手是不干净的,使用左手被视为对别人的侮辱,因此吃饭和与别人交往一定要用右手。

一般认为,接触文化与非接触文化的形成与气候有一定的关系。生活在气候温暖的地区人们之间的身体接触比较多,如阿拉伯国家和地中海国家都处于温暖地带。生活在比较寒冷地区的人们身体接触就比较少,比如北欧国家、英国等。但是也有例外的情况,俄罗斯处于寒冷地带,但是俄罗斯文化属于高接触文化,俄罗斯人在各种场合拥抱和亲吻的情况比较普遍。

身体接触的方式不仅受到文化的影响,而且受到场合、交际对象等语境因素的制约。虽然中国属于低接触文化,异性之间的身体接触有很多禁忌,但是中国人同性朋友之间的身体接触却很常见。在大街上经常可以看到几个女性朋友手拉手或挽着胳膊一起走的情景,韩国女孩也有这样的习惯。在酒馆里也可以看到男人之间搂着肩膀“称兄道弟”。但是在西方社会中,同性之间的身体接触具有特别的含义,往往表示他们的同性恋关系。所以一些初次来中国的西方人看到中国女孩手拉手或者看到小伙子互相搂着肩膀的时候,可能会产生误解。

虽然阿拉伯人见面常常互相拥抱和亲吻,但在很多阿拉伯国家,男性不与女性握手,更不用说其他的身体接触了。在美国,拥抱和贴面亲吻只在亲人和熟悉的朋友之间进行,对陌生人只使用握手的方式。在地中海国家,贴面礼一般只适用于异性之间或者女性之间,不熟悉的男性之间从来不互相行贴面礼。另外,法国人贴面礼是贴面两次或者四次,而比利时人和瑞士人则贴面三次。如果不了解不同文化在身体接触方面的规则和使用语境，很容易发生尴尬的情况。陈国明(2009)谈到自己在西方生活了二十多年，至今还对贴面问候感到紧张，因为他不知道对方要从左脸还是右脸开始。由此可见，在跨文化交际中了解身体接触在特定语境中的规则和含义是十分必要的，可以避免许多尴尬甚至误会。

第三节 时间观念与文化

时间观念是非语言交际的重要维度，也是价值观的一种体现。人们如何看待和使用时间是在特定文化中慢慢习得的，带有文化的特征。不同文化的时间观念可分为过去取向、现在取向和未来取向。它是关于不同文化如何宏观地看待和处理时间的方式的划分。在这里我们要讨论的是另一种使用时间的方式，即日常生活中人们对非正式时间的使用问题，不同文化的人们看待和处理准时、预约、最后期限等问题的方式。

一、时间观念

珍惜时间可能是所有文化都具有的价值观。在英语中人们熟知“时间就是金钱”的比喻，在汉语中也有“一寸光阴一寸金”的谚语，然而不同文化对时间的理解却不尽相同，反映了不同的文化模式和观念。

英语中常见的关于时间的表达有：

①Do you have time to <u>spare</u>?

②Thank you for <u>giving</u> me your time.

③The plane <u>lost</u> time due to the strong prevailing winds.

④How did you <u>spend</u> your free time?

⑤Don't <u>waste</u> my time making excuses.

⑥I need to <u>put aside</u> some time to catch up on my correspondence.

⑦Doctor, the patient is bleeding. We're <u>running out of</u> time.

⑧Our new food processor will <u>save</u> your hours of preparing time.

⑨She's <u>investing</u> a lot of time in her new job at the bank.

⑩The fiat tire <u>cost</u> me an hour.

⑪11)You need to <u>budget</u> your time.

Lakoff 与 Johnson(2003)使用以上这些例子分析了英语中关于时间的隐喻。他们认为，在西方文化中，时间被看作是金钱，是一种有价值的商品，是有限的资源，而且时间好像是可以量化的具体东西，因此以上的英语句子里使用了可导致数量变化的动词如“赠与”(give)、“丢失”(lose)、“花费”(spend)、“浪费”(waste)、“耗尽”(run out of)、“节约”(save)、

“投资”(invest)等来表达时间。Lakoff 与 Johnson 指出,时间的隐喻是文化的体现。西方文化用金钱和商品来比喻时间,说明这种时间观念是工业化社会的产物,与效率和竞争等观念相联系。

汉语中也有大量有关时间的格言和谚语:

①一寸光阴一寸金,寸金难买寸光阴。

②时间如流水。

③光阴似箭,岁月如梭。

④日出而作,日落而息。

⑤逝者如斯夫,不舍昼夜。

⑥十年树木,百年树人。

汉语中的这些时间格言和谚语也表达了珍惜时间的价值观,但与英语不同的是,汉语中时间是用流水、黄金、箭、树木等来比喻的,时间更多地被看成是自然现象。这体现了传统的农业社会对时间的认识,而且“日出而作,日落而息”的说法强调的正是农业社会中人们遵循的是自然的时间,而不是工业社会的机械时间。由此可见,时间观念是文化的反映,而且不同文化的时间观念影响了人们的时间利用方式。

二、单时制文化与多时制文化(monochronic time/polychronic time)

霍尔(E. T. Hall,1976)根据人们对于非正式时间的使用特点,把世界上的各种文化大致分为单时制文化和多时制文化。

什么是单时制文化?按照霍尔(Hall,1976)的解释,单时制文化中的“时间是线性的,像一条道路或一根带子,可以切割,可以向前延伸到未来,向后延伸到过去”。单时制文化的人们通过计划和预约来控制时间,在一段时间里只做一件事,强调准时、预约和最后期限。具有单时制文化特点的国家有北欧、西欧、北美等地区的国家以及澳大利亚、新西兰等。

多时制文化中的人们遵守的不是物理时间,而是生理时间。他们不是把时间看成一个线性的东西,而是认为时间是围绕着生活的。他们的生活节奏相对较慢,在同一时间内往往做多件事情。工作常常被打断,计划也经常改变。对于多时制文化的人来说,维持人际关系的和谐比严格遵守时间更重要,因此他们更重视人情而不是计划,以一种综合和灵活的态度看待生活。具有多时制文化特点的国家主要是非洲、西亚、南亚、东南亚以及拉美等地区的国家。

E. T. Hall 与 M. R. Hall(1990)总结了单时制文化和多时制文化的不同特点,具体如表 4-1所示。

表 4-1 单时制文化和多时制文化的不同特点

单时制文化	多时制文化
一段时间做一件事	同时做几件事
专注工作	容易被打断或分心
严肃对待时间约定	日程经常被改变
低语境文化	高语境文化
注重任务的按时完成	注重人际关系
遵守计划	经常改变计划
注意尊重别人的隐私	关心关系亲近的人
较强的私有财产观念	经常互相借东西
习惯于短期的关系	倾向于建立长期甚至终生的关系

一种文化具有单时制文化还是多时制文化特点与其科技发展和工业化的程度有密切的关系。工业化程度高的国家多具有单时制文化的特点,因为现代化工业社会强调精确、准时和效率。传统的农业化国家则大多具有多时制文化的特点,农业社会中人们“日出而作,日落而息”,按照自然的节奏生活。在同一种文化中,相对而言,城市人多遵守单时制时间模式,农村人多遵循多时制时间模式。

单时制与多时制的时间观念还与文化模式及价值观有一定的联系。一般来说,个体主义文化强调个人的独立和自我实现,大多遵循单时制的模式,北美、西欧、北欧等地区的国家属于单时制文化,其中美国是单时制文化的典型代表。集体主义文化强调人际关系的和谐,因此大多具有多时制文化的倾向。非洲、拉美等地区的国家具有比较明显的多时制文化的特点。东亚、南欧和东欧等地区的国家则同时具有单时制和多时制文化的一些特点。

单时制文化和多时制文化的划分并不是绝对的,而是某种文化更多地体现出单时制还是多时制时间观念的特点而已。个人的时间观念或倾向会因为场合和环境的不同而变化,有的人在工作环境中遵循单时制的时间模式,而在私人生活中则运用多时制的时间处理方式。因此,我们判断一个人或一种文化的时间利用特点时要充分考虑语境的因素和个体的差异。另外,单时制文化和多时制文化各有特点,并不能说哪种时间模式比另一种模式更优越。E. T. Hall 与 M. R. Hall(1990)就认为,单时制和多时制各有利弊,很难说哪种倾向更好。单时制重视计划,讲究效率,但是多时制可能更灵活,更人性化。

以下情景是具有单时制和多时制不同时间观念的人交往时发生不愉快的例子:

张老板:李小姐,你好啊。你要点儿什么?

李小姐:我要两斤苹果、五个香蕉。

张老板:好的,马上就好。喂,王先生,好久不见了,最近工作忙吗?

王先生:很忙。

张老板：你想要点儿什么水果？

王先生：我来个西瓜吧。

张老板：好，等一下。

李小姐：我是先来的。我以为你是在跟我做生意呢。

张老板：是啊，我是在跟你做生意。

以上情景中的张老板采用的是多时制文化的方式，同时跟两个人打招呼，同时为两个人服务。但是李小姐遵循的是单时制文化的标准，认为一段时间内只能做一件事，只服务于一个人，因此她对张老板的行为感到不满，觉得他怠慢了自己。按照单时制文化的标准，张老板的这种服务方式不礼貌，对先来的人不公平。但从多时制文化的角度来看，张老板的处事方式更有人情味，照顾到其他人的感受。

三、准时

准时是现代生活中一个十分重要的时间观念。但如何看待准时，不同的文化有不同的方式。Levine 与 Bartlett(1984)为了考察不同文化的人们的准时观念，曾经观察了日本、印度尼西亚、意大利、美国等地城市中钟表的准确性，结果发现，日本的钟表最准时，而印度尼西亚的钟表最不准时。在美国迟到 15 分钟就需要比较严肃地道歉，但是在拉美国家或南欧国家，迟到 30 分钟甚至一个小时人们也觉得可以接受。

准时观念的不同还体现在是否严格遵守时间安排上。在西方国家的正式会议上，做演讲或报告的人需严格遵守规定的发言时间，很少会有人发言超时。学校里老师上课也是按时下课，拖堂会引起学生的反感。但是在中国，许多人发言会超出规定的时间，有些人说"我只说几句"，结果讲了半个多小时，这种情况会给注重准时的人留下不好的印象，认为发言者不尊重别人的时间，或者缺乏演讲的技能。

但是准时的概念受到场合和语境的制约。在西方国家，参加与工作相关的正式活动或约会必须要准时，迟到十分钟都是很尴尬的事情，需要道歉。听音乐会或观看演出也需要准时到达，如果迟到了，一定要等到中场休息或一段表演结束才可以进场。但是出席非正式的社交活动，特别是应邀去朋友家做客，迟到 15～30 分钟却是合乎礼仪的，而提前到达往往会给主人带来不便和尴尬。这样的习俗与很多中国人的习惯正好相反，在很多中国人看来，到朋友家拜访或者参加社交聚会，准时或者提前一会儿到达是礼貌的，表示对主人的尊敬和重视。而且尤其当对方是长辈或地位高的人时，就更不能迟到，否则会给对方留下傲慢无礼的印象。

对准时的理解不同以及是否注意做到准时是比较容易引起跨文化交际误解和摩擦的一个方面。在非洲一些国家任教的中国老师常常抱怨当地提供公共服务的维修人员做事不准时，给他们的生活和工作带来了烦恼和不便，于是对当地人产生了做事不守时的负面印象。

在中国留学的日本和韩国学生常说他们弄不懂中国人说的“等一会儿”和“马上”的含义，与中国朋友约定见面，中国朋友说“马上就到”，结果等了半个多小时中国朋友才到，因此他们觉得中国人不在乎耽误了别人的时间。以上这些跨文化交际中出现的负面印象和误会都与时间观念有关。

四、计划性

单时制文化讲究计划性，做事情注重提前安排和预约。西方的学校和公司一般都会制订较具体的中期和长期计划。美国学校每个学期的课程安排往往在半年以前就确定好了，海外学习项目大多提前一年或者半年已经做出规划。而多时制文化比较缺乏具体的中长期规划，临时改变计划的情况也时常发生。中国也有多时制文化的一些特点，中国人常说“计划赶不上变化”“车到山前必有路”“跟着感觉走”，这些说法在一定程度上反映了中国人对于计划性的态度。所以当中国一些学校或团体提前一两个月邀请海外专家学者参加会议时，这些学者往往不能成行，因为他们一般提前半年或一年就做好了自己的工作规划和安排，难以再另外抽出时间。

在人际交往方面，如果邀请某人见面或请客吃饭，西方人一般在一周之前就发出邀请，目的是让被邀请者做好自己的时间安排，临时发出的邀请往往会被拒绝，这样的邀请会被认为是不尊重对方的时间或者缺乏诚意。而中国人和韩国人发出邀请的时间要短一些，有的时候到提前一两天才提出邀请，临时起兴而提出邀请的情况也会出现。

时间的计划性还体现在预约方面。由于现代通信技术的发达，人们在见面之前一般都会预约，不会出现“不速之客”的情况。但是单时制文化的人对预约的要求更加严格。在中国，与同事或上司谈话往往不需要提前约定，下属经常直接到领导的办公室说：“我能跟您谈点事情吗?”在多数情况下，领导会放下手上正在做的事情与之交谈。去行政部门办事，一般也不需要提前预约，直接到相关办公室咨询或办理就行了。但是在西方国家，无论是约见上级或客户，还是到行政部门咨询事情或办理手续，一般都需要预约，突然登门拜访的情况并不多见，而且大多数情况下会被拒绝。

最后期限也是时间计划性的表现。有人笑称，英文的“deadline”的直译是“死亡线”，意思是“如果你超过这个期限，你就死定了”。然而履行最后期限的严格程度因文化的不同而不同。西方学校的教学计划中会明确规定学生交作业或论文的时间，超过最后期限就要自己承担后果，比如会被扣掉分数甚至取消成绩，而且没有任何商量的余地。美国大学里经常有学生为了赶在最后期限前提交论文或作业而整夜不睡觉，说明他们非常重视最后期限的规定。但在中国，最后期限的执行一般不会那么严格。虽然学术会议都有提交论文的截止日期，但很多人并不严格遵守，而且主办方也常因此推迟论文提交的截止日期。如果学生晚交了作业或论文，老师也很少因为过了期限而实行真正的处罚。这种对最后期限执行情况的不同，说明单时制文化强调任务的完成，而多时制文化强调人际关系的和谐。

第四节 空间利用与文化

空间利用也是非语言交际的重要内容。空间的利用方式体现了特定文化中人际关系的特点，反映了文化的差异。当空间利用方式不同的人们在一起交流的时候，如果不留意则很容易产生跨文化的误解甚至冲突。

一、个人空间

个人空间是围绕在自己周围的无形的空间。每个人都需要个人空间，一般来说，别人的个人空间要受到邀请才可以进入，否则是一种冒犯。但是E. T. Hall与M. R. Hall(1990)认为，这个空间的大小取决于一个人与周围人的关系以及他的心情、文化背景和所进行的活动。

个人空间的大小与文化有密切关系，特别是与“隐私”观念有关。西方文化非常强调个人的隐私，在他们看来，个人空间就是隐私的一部分。英语谚语“A man's home is his castle.”(一个人的家就是他的城堡。)就反映了西方文化对个人领域的重视。西方人对个人空间非常敏感，对侵入个人空间的行为也反应强烈。所以西方人站在电梯里一般都身体挺直，表情严肃，表现出当个人空间被占时的紧张和警觉。从别人身边走过一定要说“excuse me”，表达对占用别人个人空间的歉意。进入别人个人空间有时甚至还会引发冲突和严重误会。很多年以前在美国曾经发生日本留学生误入美国住宅院子而被枪杀的悲剧。这起事件发生的原因之一是日本学生没有听懂院子主人让他停住时所使用的“freeze”这个英文词的意思，同时这起事件也反映出美国人对个人空间和领域的高度重视。

E. T. Hall与M. R. Hall(1990)曾经对比分析了德国人和美国人处理个人空间的观念和做法：“德国人把属于他们自己的空间看作是自我的延续。德国人的自我意识非常敏感，因此他们利用一切方式来维护私人的空间。德国办公室的门又厚又重，而且工作的时候总是紧闭的，开着门工作被德国人看成是轻率和不守规则的表现。”与德国人相比，美国人则把门当作是否可以进入个人空间的信号。美国人工作时一般都敞开着门，这意味着他的办公室是公共空间，欢迎别人进入；如果工作时关着门就表示这是个人空间，不希望别人打扰。

西方人的个人空间概念还延伸到其他方面。西方的家长一般不随便查阅孩子的日记和书信，否则会引起孩子的反感，认为侵犯了他们的个人隐私。客人来访一般也不会随便翻阅办公室或客厅里的书刊和照片，表现出对他人隐私的尊重。在法国，使用别人家的卫生间被认为是一件不礼貌的事情，至少是一件尴尬的事情，因此客人要事先询问：“我可以使用你家的卫生间吗？”

由于受集体主义价值观的影响，也由于人口众多造成的空间相对拥挤，中国人的个人空间观念不像西方人那么强烈，对占用他人的个人空间也不是很敏感。在工作环境中，虽然办公室一般关着门，但是同事之间一般简单敲门或不需要敲门即可进入。在家庭中，每个房间的门都是敞开着的。在中国人看来，家庭成员之间没有隐私，放在客厅或办公室桌子上的照片或书籍也不是什么秘密的东西。这些想法和做法在与西方人交往时就有可能产生误解，被西方人误认为没有礼貌。

在空间利用方面对汉语教师的一些建议：

①留心观察当地人在空间利用方面的特点，不做当地人觉得冒犯的事情。

②在电梯或拥挤的空间中不大声说话。

③注意与别人的身体距离，不要太近，不了解当地风俗时不要有身体接触。

④从别人身边走过时最好说一声“对不起”。

⑤到别人的办公室或家里，想翻阅别人书刊和照片时事先征询主人的同意。

⑥在图书馆或公共场所就座时，最好先询问旁边的人：“这是空位吗？”

⑦乘交通工具时，排队不拥挤，不抢占座位。

二、人体距离

人体距离也是空间利用的一个重要维度，具有跨文化的差异。在跨文化交际研究领域，人们常讲这样一个故事：一个美国人和一个阿拉伯人在一起交谈，美国人觉得他们之间的距离太近，一直往后退，而阿拉伯人觉得他们之间的距离太远，一直向前靠近，最后美国人退到了墙角，双方都觉得很尴尬。这个故事说明人体距离受到文化的影响，也容易引起跨文化交际中的误解。

霍尔（Hall，1959）曾经把北美人的谈话距离分为四种情况（图 4-1）：

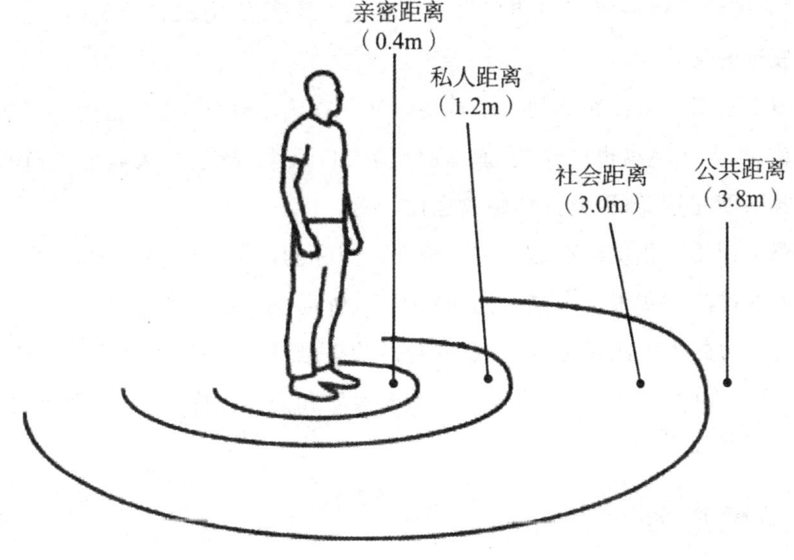

图 4-1　谈话距离分类

①亲密距离:(1.5 英尺以内,1 英尺约为 0.3 米)表示亲密关系,适合家人、恋人和亲密朋友之间。在这种距离中,人们常常有身体的接触。

②私人距离:(1.5～4 英尺)表示友好关系,适合熟人或一般朋友之间的谈话。在这种距离中,人们用平常的音量说话,很少有身体上的接触。

③社会距离:(4～12 英尺)表示社交关系,适合商务或一般社会交往场合,是不熟悉的人之间的距离。

④公共距离:(12 英尺以上)表示疏远关系,适合讲课、演说、表演等公共场所的活动,或者与社会地位高的人见面等正式场合。

然而,霍尔提出的这种人体距离的标准并不适用于所有的文化。美国人在非正式聚会上,两个普通朋友的谈话距离一般为高个子的一条手臂的长度,大约是 0.9 米,过近或过远都会有不同的含义或解释。如果异性之间的谈话距离比这个近,会容易让人以为是更亲密的关系或者认为是一种冒犯。但是在拉美国家,与刚认识的人的谈话距离却是 0.6～0.8 米。试想如果一位拉美国家的女性与一位美国男性谈话时的距离是 0.6 米,不同文化的人对他们之间的关系会有不同的解读:美国人会感觉他们之间是亲密的关系,而拉美人可能认为他们只是一般的朋友。

人体距离的远近反映了文化价值观的不同。一般来说,以个体主义文化为主流的国家如北美国家、英国、德国、丹麦、澳大利亚等,人们的谈话距离比较远,因为他们更重视个人的隐私和独立性,所以他们对于个人空间被侵入就会更敏感。集体主义文化的人们强调互相依靠,集体成员在一个相对较近的距离内工作、生活、休息和娱乐。根据布罗斯纳安(1991)的观察,中国人的谈话距离比英国和美国人的要近。阿拉伯国家和拉美国家的文化也属于人体距离比较近的文化。

地理环境也是影响人体距离的一个重要因素。在国土辽阔、人口密度小的国家里,人们的平均空间较大,人体距离也就比较远。而中国人口众多,特别是大城市人口密度大,人们对于拥挤的容忍度比较高,因此人体距离也比较近。

人体距离远近的文化差异有时会带来跨文化交际的问题。许多在中国学习或工作的西方人对中国人的排队方式很不习惯。比如在银行、邮局、机场、商店等公共场所,很多中国人排队的时候与前边的人距离很近,有时还有身体的接触,所以一些西方人抱怨中国人没有秩序,不懂得尊重别人的隐私。虽然排队涉及个人素质和公共秩序的问题,但是也反映了空间利用方面的文化差异。

三、座位的排列

座位的排列体现了人们对于人际关系的理解,而且以一种直接或微妙的方式影响人与人之间的交际。不同文化中的人们会根据座位位置来推测对方的地位,美国人会下意识地认为坐在桌子两头的是地位高的人,而中国人则觉得地位高的人会在桌子的中间位置。

价值取向影响了桌椅和座位的排列。中国、日本、韩国等东亚国家的办公桌排列是聚合式的。中国的国有企业或事业单位里,办公室的桌子通常是两个或三个相对摆放,人们面对面而坐。在日本和韩国的公司里,普通职员大都坐在一间大办公室里的一个长方形桌子的两边。这样的桌椅安排便于员工的交流,强调的是合作与协调,是集体主义价值观的体现。而在西方的办公室里,桌椅的排列则是分散式的。每个人的桌子往往面对着墙,或者用隔板隔开。这种排列方式强调的是独立性、隐私和效率,体现了个体主义的价值观。

在社交场合,正式宴会的座位排列在每一种文化中都有比较严格的规定。在亚洲的很多文化中,尊卑有序是座位排列的主要规则。最重要的客人或者最年长的人往往坐在面对着门且离门最远的地方,主人坐在他的旁边,离门最近的座位往往是辈分或地位最低的人坐的。而在西方,男女分开坐是座位排列的一种基本规则。饭桌是长方形的,男女主人分别坐在桌子的最远端,最尊贵的女客人坐在男主人旁边,而最尊贵的男客人坐在女主人的旁边。

在非正式的社交场合,如普通聚会,座位安排也存在文化的差异。毕继万(1999)指出,在英美国家,两人交谈时所坐位置的不同表明了两人关系的不同:两个人分坐桌子一角的两侧,表示关系友好;两人同坐桌子一边(并排而坐),表示关系亲密;两人在桌子对面而坐,则表示关系疏远甚至暗示竞争的关系。因此一般只有夫妻和情侣才并排而坐,而陌生人一定会对面而坐。但是在中国,一般的朋友或熟人往往也喜欢并排而坐,即使在比较正式的场合,第一次见面的主客双方也时常并排而坐,表示关系的友好和亲近。这种坐法的不同在跨文化交际中也可能会产生误会。

在教育环境中,教室中的桌椅排列方式反映了不同的教学理念和师生关系模式。虽然桌椅的排列方式受到学生年龄、人数、教室格局等因素的影响,但是在一定程度上也反映了文化观念的不同。一般来说,常见的教室座位排列方式有以下三种(图 4-2):

①一字形排列。这是最常见也是最传统的教室布局。学生的座位都面向教师,教师站在前面讲课,中国许多教室的前方还有一个讲台。这样的教室座位排列一方面突出了以教师为中心的讲课模式,另一方面也强化了师道尊严的师生关系。这样的课堂布局便于教师传授知识,但是不利于学生之间和师生之间的互动,不太适合以培养技能为主的语言训练课堂。

②马蹄形排列。在课堂上老师站在或坐在前面,学生围坐在排成马蹄形的桌子旁。这种布局方便了师生之间和学生之间的交流和互动,也体现出教师与学生之间的比较平等的交流。这种教室布局方式在西方的课堂上使用较多,特别是在小班授课、语言训练课、研究生的研讨课等课上比较常见。

③圆圈形排列。学生分成若干小组,围坐在不同的桌子旁。这种教室布局特别适合小组活动的开展。在这种环境中,教师的角色由知识的传授者变成了学习的组织者和辅导者,

体现了以学生为中心、重视合作式学习方法的特点。西方的中小学课堂或者以交际法模式为主导的语言训练课堂多采用这样的排列方式。

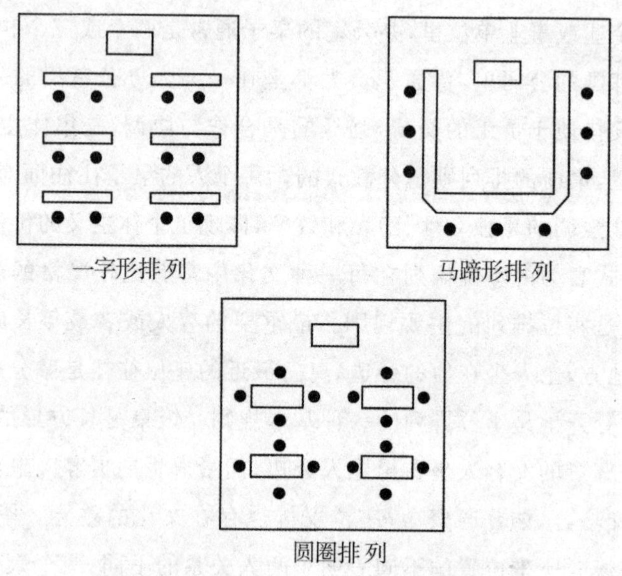

图 4-2　教室座位排列方式

教室桌椅的排列方式影响着课堂上师生互动的方式和教学的效果，因此对汉语教师提出以下建议：

①意识到教室的座位排列会影响到师生互动方式和教学效果。

②根据不同的教学内容和课堂活动选择合适的座位排列方式。

③根据学生的文化背景、学习水平和性格特征选择座位排列方式。

④不要长时间使用同一种座位排列方式。

⑤座位排列方式的多样化会提高学生的学习兴趣。

⑥座位排列要最大程度地为师生互动和学生互动创造有利的条件。

第五章

跨文化交际英语教学基础

第一节　高校英语教学的基本关系

一、英语教学中语言知识和语言技能之间的关系

从20世纪70年代末我国恢复英语教学以来，英语教学经历了重知识、轻技能的阶段，后来在交际教学法的影响之下，又出现了重技能、轻知识的现象。这与儒家的中庸思想是不相符的。中庸之道历来强调“知行合一”的思想，指出应该“博学之，审问之，慎思之，明辨之，笃行之。”知是行之始，行是知之成。孔子还特别强调实践的重要性，指出：“学而时习之，不亦说乎？”(《论语-学而》)知行合一的思想对于我们处理语言知识和语言技能之间的关系具有重要的指导意义。语言知识和语言技能都是语言能力的组成部分，都是语言学习的目标。两者之间相互影响，相互促进。首先，语言知识是发展语言技能的基础，不具备一定的语音知识，不掌握足够的词汇，不了解英语的语法，就不可能发展任何的语言技能，而语言知识的学习往往可以通过听、说、读、写活动的过程来感知、体验和获得。

中庸之道在教育上还体现在它所主张的启发式教学思想上。“不愤不启，不悱不发”是孔子教育思想的基本原则之一。所谓的“愤”与“悱”是学生的两种状态，而“启”与“发”则是在这样的状态下需要采取的方法。朱熹认为：“愤者，心求通而未得其意；悱者，口欲言而未能之貌。”程颐则对采用启发式教学的原因进行了解释，“不待悱愤而发，则知之不能坚固；待其悱愤而后发，则沛然矣。”启发式的教学思想对于语言知识的教学，尤其是对于英语中的语法教学尤其重要。英语语法教学是一个敏感的话题。在很长的一段时间内，我国的英语教学被语法知识的传授占据了大量的精力，从而忽视了语言技能的培养。而在纠正这一问题的过程中，也很容易走向另一个极端，轻视语法教学，单纯强调通过自然习得获得语言能力，认为不需要教授语法。语法教学在我国英语教学中的作用是毋庸置疑的(崔刚，2007)，真正的问题并不在于语法应不应该教，而是应该注重如何教的问题。语法教学不应采取填鸭式等灌输方式，要首先使学生大量地接触语言材料，使他们建立对于其中所包含的语言规则的

假设，从而达到“愤”与“悱”的状态，然后在此基础上进行启发。

二、英语教学中的其他基本关系

如上文所述，英语教学是一个复杂的系统工程，其中所涉及的因素和矛盾非常多，例如，汉语和英语、中国文化和外国文化、听说能力与读写能力等等，在处理这些矛盾时应该采用辩证统一的态度，不要把两者简单地对立起来，遵循适度的原则，防止从一个极端走向另一个极端。

在我国，由于人们对客观规律认识的不足以及传统思维限制，往往出现忽左忽右的偏激化现象。这种现象在目前的英语教学中也不同程度地存在着。在全社会重视英语的同时，很容易忽视汉语的学习。经济的全球化和科学技术的国际化正在成为新的时代特征，英语作为国际交往中的最为重要的交流与沟通的工具，其重要性已经为越来越多的人所认识。但是，这样的环境很容易给人造成一种错觉，认为英语比汉语重要，从而忽视汉语的学习。不重视英语是错误的，而因为重视英语而忽视了对自己母语的学习也同样是不正确的。另外，在处理英语和汉语之间的关系时还要注意不要过分夸大汉语的干扰作用。汉语是中国人的母语，少年儿童在开始学习英语时已经能够比较好地使用汉语进行交际，也就是说，他们已经掌握了大量的汉语词汇和基本语法，具备了使用汉语进行听说和读写的能力。而英语是他们作为一门外语来学习的目标语。在谈到母语和目标语之间的关系时，人们经常谈到的是“迁移”的问题。迁移是外语学习者经常采用的一种学习策略，它指学习者利用已知的语言知识，去理解新的语言，这种现象在英语学习的初级阶段出现得最为频繁，因为学习者对英语的语法规则还不熟悉，此时只有汉语可以依赖，汉语的内容就很容易被迁移到英语之中。如果母语对于目标语的学习起到了负面的影响，则被称为负迁移，即干扰。但是，迁移并非总是坏事，有时候，由于英汉两种语言之间存在着很多相似或者吻合的地方，中国学生在学习英语时可以利用已有的汉语知识，促进英语的学习。例如，汉语中的形容词都位于它所修饰的名词前面，而英语也同样如此，当学生学习了 beautiful 和 flower 两个词之后，就会很自然地说出 a beautiful flower。在对待汉语和英语之间的关系方面，有两种极端的态度。一种是依靠汉语来教授英语，这显然是不可取的。使用英语进行教学具有以下几个方面的益处：创造英语的氛围；增加英语的输入，减少汉语的负向迁移。对于中国的英语学习者来说，汉语是他们的母语，学生在学习英语时会自觉或不自觉地与汉语进行比较，如果在教学过程中过多地采用汉语，学生就会很难摆脱对汉语的依赖，养成一种以汉语为“中介”的不良习惯，在听说读写等语言活动中会不断地把听到的、读到的，以及需要表达的英语先转换成汉语，这样就很难流利地使用英语，也不可能写出或讲出地道的英语。另外一种是完全摆脱汉语，刻意地回避汉语，这不仅难以做到，而且也是不可取的。在英语课堂上使用汉语要注意以下几点。

第一，汉语作为教学手段，使用方便，易于理解，但是不能过度使用。在解释某些意义抽象的单词或复杂的句子时，如果没有已经学过的词汇可以利用，可以使用汉语进行解释，另外也可以对发音要领、语法等难以用英语解释的内容使用汉语进行简要的说明；

第二，利用英语和汉语之间的比较，可以提高教学的预见性和针对性。对于英汉两种语言相同的内容，学生学起来比较容易，教师只要稍加提示，学生就很容易掌握。某些内容为英语所特有，学生学起来就比较困难，教师应该有针对性地将其作为教学的重点，适当增加练习量。对于两种语言中相似但是又不相同的内容，学生很容易受到汉语的干扰，教师在教学过程中要多加注意。

语言是文化的一部分，又是文化的重要载体。英语学习者要想熟练使用英语进行交际，必须要了解英语国家的文化，这一点已经引起了我国英语教学界的高度重视，跨文化交际已经成为英语教学领域的重要研究问题之一。但是，我们在重视外国文化的同时，却很容易忽视中国文化。我国目前广泛使用的各种英语教材中，与中国文化相关的课文内容微乎其微，由此而产生的后果是显而易见的，对于中国的英语学习者来说，英语学习的重要目的之一是使用英语传播中华民族的优秀文化，而绝大多数的英语学习者在通过了四级、六级甚至英语专业毕业之后，都不知道“孔子”在英语中应该怎么说，像《红楼梦》《水浒传》《三国演义》《聊斋志异》等中国古典文学名著在英语中该怎样翻译。我国各个层次英语教学大纲都把培养学生的爱国主义情感作为教学目标之一，但是目前的英语教学只是把这一目标局限于口头上。如果在学习异国文化的过程中，不善加引导，学生很容易盲目地接受西方文化中的行为规范、价值观和道德观，很容易忘记甚至疏远自己民族的文化传统。另外，忽视中国文化，也不利于外国文化的学习。学习本国文化，有利于加深对外国文化的理解，提高自己鉴别和鉴赏外国文化的能力。

在重视听说能力培养的同时，很容易忽视读写能力的培养。在长期以来的英语教学中，学生听说能力的培养一直是一个薄弱的环节，学生经过了许多年的英语学习之后还不能进行口头交际，从而造成了所谓“哑巴英语”的现象。如何提高学生的听说能力，尤其是口语能力，是一个亟待解决的问题。但是，我们也应该意识到，重视听说能力的培养，并不意味着可以忽视读写能力。首先，听说能力的提高在很大程度上与读写能力的水平相关，心理语言学的研究成果告诉我们，在语言学习的过程中，需要大量的信息输入并通过内部语言系统进行加工，进而转化成一定程度的外部语言，而阅读是信息输入的重要途径，也就是说，没有足够量的阅读，要想提高口语能力也是不可能的。另外，读写能力是一个受过良好教育人士的基本标志。听、说、读、写四项技能是一个相辅相成的有机整体，在以往的英语教学中，我们忽视了听说能力的培养，在纠正这一错误倾向的同时，也要注意不要走向另一个极端。我们解决“哑巴英语”的同时，也要避免产生“文盲英语”的现象。

第二节　高校英语教学的基本原则

一、高校英语任务型教学法的基本原则

任务型教学法是指“将任务置于教学法焦点的中心，它视学习过程为一系列直接与课程目标联系并为课程目标服务的任务，其目的超越了为语言而练习语言”，即一种将任务作为核心单位来计划、组织语言教学的途径。纽南(2004)提出了任务型教学法的五条原则：真实性原则；形式-功能性原则；任务相依性原则；做中学原则；脚手架原则——给学生足够的关注和支持，让他们在学习时感到成功和安全。

任务型教学过程分任务前阶段、任务环阶段和语言焦点阶段。任务前阶段包括介绍话题和任务。在这一阶段教师和学生一起探讨话题，着重介绍有用的词汇和短语，帮助学生理解任务指令和准备任务。这个阶段主要为学习者提供有意义的输入，帮助他们熟悉话题、认识新词和短语，其目的在于突出任务主题、激活相关背景知识、减少认知负担。

任务环阶段包括任务、计划和报告。学生以结对子或者小组活动的形式完成任务，教师不直接指导。学生以口语或者书面的形式在全班汇报他们是怎样完成任务的，他们决定了或发现了什么，最后通过小组向全班汇报或者小组之间交换书面报告的形式比较任务的结果。这个阶段为学习者提供了充分的语言表达机会，强调语言的流利性，交谈中语言的使用应该是自然发生的，不要求语言的准确性。

语言焦点阶段包括分析和操练。在这一阶段着重分析课文中出现的语言特点和难点。在分析中或者分析后教师引导学生练习新的词汇、语法并指出语法系统是极其有价值的。这个阶段的目的在于帮助学生探索语言系统知识、观察语言特征并将它们系统化，从而清晰明了地掌握这些语言规则。

任务型教学的倡导者认为，掌握语言的最佳途径是让学生做事情，即完成各种任务。当学习者积极参与目的语的练习时，语言也被掌握了。学生注意力集中在语言所表达的意义上，努力用自己掌握的语言结构和词汇来表达自己的意思，交换信息。任务型教学追求的是给学生提供大量的、尽可能丰富的内容，让学生明确自己的学习目标，并在交际过程中，合理分配注意力，从而使语言得到持续、平衡的发展。

二、高校英语内容型教学法的基本原则

内容型教学法通过运用目的语教学学科内容，把语言系统与内容整合起来进行教学。这种整合观是基于一种对语言教学的认识：只有同时给予两者相同的重视，而不是将两者分离开来，才能促进两方面同时发展。而运用目的语教学学科内容可以较理想地达到整合这

两个方面的目的。其基本原则如下：

1. 教学决策建立在内容上

语言课程的设计者和教材的编写者在设计阶段面临的两个问题就是内容（包括哪些项目）的选择和排序（如何排列这些项目）。在传统的教学方法中，不少方法如语法翻译法、听说法，它们通常按照语法的难易程度编写：如一般现在时比其他时态更容易学习，在教材的编写和教学中自然处于优先学习的地位，根据此原则编写的教材和教学把容易学习的内容放在初学阶段。然而，内容型教学法颠覆了传统方法中内容的选择和排序原则，彻底放弃了以语言标准作为教学的出发点，而是把内容作为统卒语言选择和排序的基础。

2. 整合听说读写技能

以往的教学法常常以分离的、具体的技能课如语法课、写作课、听说课的形式进行教学。内容型教学方法试图在整合听说读写四项基本技能的同时，将语法和词汇教学包含于一个统一的教学过程之中。由于语言交流的真实情景，以及语言的交互活动涉及多种技能的协同，派生了这项教学原则。同样，内容型语言教学反对在课堂上主张先听说、后写作的教学顺序。它没有固定的、一成不变的技能教学顺序，相反，它可从任何一种技能出发。可以看出，这一原则是第一个原则的引申，是内容决定、影响教学项目的选择和顺序原则的具体表现。

3. 教学的每一个阶段都要求学生积极的、主动的参与

自交际法产生以来，课堂的中心从教师转向学生，“做中学”成为交际语言教学的基本原则之一。任务型教学是交际法发展的分支，它强调学生应在完成任务的过程中进行探索性、发现性的学习。同样，内容型教学也是交际法的分支，重视学生在参与学习的过程中积极主动地学习。主张内容型教学的学者们认为，语言学习应产生于将学生暴露于教师的语言输入中；同时，学习者还可以在与同伴、同学的交往中获得大量的语言信息。因此，在课堂的交互学习、意义协商和信息收集以及意义建构的过程中，学生承担着积极的社会角色。（Lee&Patten，1995）在内容型语言教学中，学习者可以承担多种角色，如接受者、倾听者、计划者、协调者、评价者，等等。与学习者多重身份一样，教师也扮演着多重角色。他们可以是学生的信息源、任务的组织者、学习活动的引导者、控制者和促进者、学生学习活动的评估者，等等。

4. 学习内容的选择与学生的兴趣、生活和学习目标相关

内容型教学法的内容选择最终决定于学生和教学环境。教学内容通常与具体的教学和教育环境中的教学科目平行进行。因此，在中学阶段，外语教学内容可以来自学生在其他科目如科学、历史、社会科学中学习的内容。同样，在高等教育环境中，学生可以选修“毗邻”语言课。“毗邻课”是两个教师从两个角度教学同一内容，从而达到不同的教学目标的课型。在其他教学环境中，教学内容可以根据学生的职业需要和一般的兴趣特点进行选择。事实上，由于对于哪些内容是学生普遍感兴趣或者直接相关的很难确定，教材的编写者、使用者都很难把握这一条原则。但是，由于每个内容单元的教学时间长，教师有大量的时间和机会把课程内容与学生的兴趣以及他们已经具备的知识结合起来。因此，让学生对所选内容感兴趣是内容型教学理论实现的重要基石。

5. 选择“真实的”教学内容和任务

内容型教学的核心成分是真实性。它既要求课文内容的真实，又要求任务内容的真实。一首歌谣、一个故事、一段卡通都可以作为真实的教学内容。把这些真实的内容放置于外语教学课堂将改变它们原本的目的，从而服务于语言学习。同样，任务的真实性也是内容型教学的目标，任务必须与一定的文本情景结合，反映真实世界的实际状况。

6. 对语言结构进行直接学习

内容型教学将学生暴露于真实的语言输入中，目的在于让学生获得运用语言进行交际的能力。文本形式、教师的课堂语言的输入、学生之间的结对子活动以及小组活动都是内容型教学的信息源。但是，内容型教学认为，仅仅通过可理解性输入不是成功的语言学习，对真实文本中出现的语言结构必须采取提高意识的方法进行学习。①

三、高校英语课程资源建设的原则

大学英语课程资源建设是辅助大学英语教学的重要举措，是学生开展个性化学习的前提。在建设过程中应坚持以下原则。

1. “学生为中心”原则

所有大学英语课程资源的建设都是围绕学生的英语学习动机和兴趣而开展的，为学生创造良好的学习氛围，为学生努力学好英语铺路搭桥。因此，不管是资源建设的决策和规划阶段，还是实施、检查和改进阶段，都要以学生的实际需求为出发点，不但要关注他们的知识类资源，还要关注他们的情绪类资源、问题类资源、错误类资源、差异类资源和兴趣类资源，尽可能让他们成为学习的绝对中心，成为知识意义的主动建构者，确保教材所提供的知识不再是教师传授的内容，而是学生主动建构意义的对象，媒体也不再是帮助教师传授知识的手段与方法，而是用来创设情境、进行协作学习和会话交流，即作为学生主动学习、协作式探索的认知工具。

2. 开放性原则

大学英语课程资源建设是一项长期的、系统的积累工作，随着教学改革的不断深入、社会的不断进步和教师专业化发展，已有的课程资源得到更新，新的课程资源得到添加，确保

---

① 屈晓丽. 跨文化交际视域下的大学英语教学[J]. 首都师范大学学报，2012.

了课程的正常运转。在资源建设过程中，建设者要以开放的心态对待人类创造的所有文明成果，以开放的目光审视周围的事物。开放性原则包括类型的开放性和空间的开放性。类型的开放性指不管课程资源以什么类型存在，只要有利于教育教学，都可以加以开发利用；空间的开放性指课程资源的地域性差异，不管它们是校内或校外、国内或国外，只要能有益于学生知识积累、能力发展、技能提高，都可以加以开发和利用。知识经济是世界一体化的经济，资源的开放性原则是从地区到全球、从微观到宏观、从局部到整体，在不同层次上都要确立的一种基本原则。

3. 前瞻性原则

大学英语课程资源的开发与利用是与学生需求紧密相连的，受现有的课程和现实社会的实际需求推动。但从发展的角度来看，课程资源建设还要与未来社会的发展联系起来。只有这样，才能够帮助学生更好地把握未来社会的一些发展趋势。因此，建设者要具有前瞻性思维，密切关注社会的发展动态，注意吸收当前重要的、有影响力的、处于科技前沿的一些素材，在此基础上开发出对学生来说真正有用的课程资源，对学生加以引导，让他们逐步接受这些新东西，为学生以后的终身学习与可持续发展打下坚实的基础。

4. 经济性原则

在大学英语课程资源开发中，要力求用尽量少的投入开发最大量的课程资源，即实现低投入、高产出。经济性原则涉及到经费、时间、空间和学习四个方面。经费的经济性指花较少的钱，甚至不花钱，开发出可以服务于学生的大学英语课程资源，如从互联网上提取本校可以使用的英语资源；时间的经济性原则指立足于现实，开发那些适于当前大学英语教学的课程资源，不能等待更好的时机，否则就错过了最佳学习期；空间的经济性原则是指能就地开发的，就不要舍近求远，同时也指课程网站的容量；学习的经济性主要指以兴趣为导向，开发那些能激发学生学习积极性的课程资源。

第三节　高效英语教学教师的素质

一、教师的作用

教师是大学英语教学的重要因素，在英语教学中起着主导作用。在英语课堂上，教师主要充当两种角色，即掌控者和引导者。作为一名合格的英语教师首先应该具有纯正的发音。然而并非所有的英语教师都具有纯正的发音，所以教师可借助 VCD、广播以及互联网、智能经济多媒体等手段来弥补自己的不足，确保学生在课堂上所听的内容都是纯正的。同时，教师在讲解单词、句子、课文时，应该穿插一些解释，对难懂的词语要不断重复。

在多数英语课堂上，教师的讲话占据课堂时间的大部分，不可否认，教师的讲话有利于学生的语言习得，但也不能因此牺牲掉学生的练习时间。同时，教师还要注意不断变化教学的形式，以增强课堂的趣味性。一个合格的英语教师还应具有一定的应变能力，能预测课堂活动中出现的状况，能很好地处理课堂上的突发事件，确保课堂活动的有序开展。

此外，教师应该随时调整自己的提问方式、语言运用、提供反馈的方式。在英语课堂中，提问是教师常用的一种教学手段。通过提问，可以有效激发学生的学习兴趣，促使学生积极思考，帮助教师诱导某些知识结构。另外，语言运用的方式也很重要，为了让学生对所讲述知识有一个充分的了解，教师在教学中可以采用重复话语、降低语速、增加停顿、改变发音、措辞、简化语法规则、调整语篇等措施。

学生是英语教学的重要反馈者，同样，教师的反馈也是十分重要的。所谓提供反馈就是指教师为学生的学习情况提供反馈。教师的反馈可以调整是对学生话语的回答，如表示学生问答正确或错误、赞扬鼓励、扩展学生的答案、重复学生所答、总结学生回答、批评等。总之，教师的目的就是采用不同形式的教学方法，调动学生的积极性，扩展学生的知识面，培养学生的学习能力，提高整体的教学效果。

二、大学英语师资队伍现状

总体说来，在高校从事大学英语本科教学的教师队伍是一支勤勤恳恳、任劳任怨、有上进心、有事业心的队伍。但是，这支队伍在知识结构、年龄结构、教育观念、教学技能等方面不同程度地存在着各种问题。

1. 专业化程度需要提高

语言教育是一门严肃的科学，有其自身的理论基础和发展规律。它所涉及的教育学、心理学和应用语言学是从事外语教学职业的人必不可少的条件性知识。在我国，只有师范院校或综合院校的师范专业才把教育学和心理学列入必修课程；非师范院校或专业的毕业生往往只是在数周的岗前培训中接受一些粗浅的教育学知识，这种以学科知识代替专业能力的现象严重影响了我国教师的专业化程度。

2. 教育观念需要更新

不少大学英语教师看不到社会对人才的真正需求，围绕考试的“指挥棒”转，以“高过级率”为目标，课堂上“填鸭式”教学，讲解词语，分析语法点，反复举例说明，逐句翻译课文，搞题海战术这种教学模式以教师为中心，忽略学生的主观能动性，重知识传授，轻能力培养，其结果是学生忙于记笔记，被老师“牵着鼻子走”，没有参与语言实践的机会，学生的语言应用能力得不到提高。更不用说培养学生的自主学习能力和思维创新能力了，这种观念与“语言作为交际工具”的本质背道而驰，培养出来的学生语言应用能力较差，根本不能满足社会的需要。英语教师必须尽快改变传统教学观念，以学生为中心，发挥学生的主体作用。教师的角色是学生学习的引导者、合作者和促进者，教给学生学习方法和学习策略，培养运用外语的技能。

3. 教学能力需要加强

长期以来，我国高校教师队伍的培养更多地注重教师的专业学术水平和学历，形成了一味追求高学历的现象，热衷于写文章、搞项目，教学被不同程度地忽视，对教学规律的研究更是鲜有涉足。然而，身为高校教师，如果不能掌握系统的教育理论，没有先进的教育观念为先导，不具备与教学活动有关的基本知识，不研究教学的方法和规律，要高质量地完成人才培养任务将根本无从谈起。

4. 知识结构需要调整

随着经济的不断发展，国际交流日益频繁，社会对复合型人才的需求激增，为了指导下一步的大学英语教学改革，《大学英语课程教学要求》就课程设置做了明确的要求，指出各高等学校要根据实际情况，设计各自的大学英语课程体系，将综合英语类、语言技能类、语言应用类、语言文化类和专业英语类等必修课程和选修课程有机结合起来。但是，大学英语教师在学习期间，修读的课程主要围绕语言和文学，近二十年的大学英语教学中，大多数学校只开设了《大学英语》一门课程，涵盖听、说、读、写等教学内容，造成若干大学英语教师上同一门课程的局面，使得大学英语教师的知识结构显得单一、片面。要适应教学需要，他们必须坚持自我发展，完善知识结构，为开设选修课和充实必修课做好准备。

5. 信息素养需要强化

人类已进入信息社会。在信息社会里，信息技术将带来教学方法、教学过程和教学资料等多方面的变化，并以此改进教学效果，引发教育教学领域全面而深刻的变革。教师作为新知识的传授者，就必须主动适应信息社会，掌握信息应用能力，不断更新自己的知识，与信息应用能力紧密联系的是对现代教育技术的掌握和应用能力。随着现代科学技术的发展，教育技术和手段不断更新，教学中广泛使用高科技教学手段，掌握和应用现代教育技术已经成为当今高校教师的一项基本功。但是，大学英语教师多半是文科出身，对现代教育技术了解不多，何况信息技术和教育技术更新速度快，使得大学英语教师在这方面的知识显得有些跟不上时代的发展。

6. 科研意识需要培养

大学英语教师学历普遍偏低，长期担负着繁重的教学任务，加上不少院校一直把大学英语四、六级过关率作为评价大学英语教师的主要指标，淡化了教师的科研能力，教师就只好凭经验和直觉进行教学，很少进行理论上的反思。束定芳教授主持的调查表明，从事教育理论研究的高校外语教师仅占10.7%，写过教学方面的文章的教师也刚刚过半。上海外国语大学梅德明教授主持的项目研究发现，在他们走访的某高校大学英语教师中，近两年只有21.3%的教师撰写并发表了论文，这种状况与高校教师的职责和任务极为不相称，因为大学不仅是培养高等人才的地方，也应该是科学研究的前沿阵地。

三、提高大学英语师资队伍素质的举措

开放式的大学英语师资队伍建设理念表明，师资建设的形式已不是传统意义上那种为了提高学历和职称开展的脱产、半脱产或在职学习，现已呈现多样化特征。这些举措旨在解决强化教学能力、提高科研能力和提升学历这三大类问题。

1.强化教学能力

围绕如何强化大学英语教师的教学能力，提高大学英语教学水平和师资队伍的建设措施如下。

(1)教学督导制

实施校院两级教学督导制，每学期均有听课重点，如新引进的教师、在学评教中得分较低的教师、拟晋升高一级职称的教师、拟参加课堂教学比赛的教师，督导委员听课后，不但会将涉及教学内容、教学方法、教学效果、师生互动情况等方面的意见反馈给授课教师，同时也反馈给主管教学的副院长，帮助建立教师授课档案。

(2)青年教师指导制

刚参加工作的青年教师或刚毕业的硕士研究生，尽管他们具有一定的语言基本功，有较高的教学热情，但他们缺乏教学经验，可以安排教学经验丰富、教学功底扎实、乐于带年轻人的老教师与青年教师结对，帮助青年教师尽快熟悉主讲课程的课程大纲、制订本门课程的教学计划和教学日历等，以确保他们在最短的时间内进入角色，掌握一门课程的教学流程，然后独当一面，成为一名合格的大学英语教师。

(3)课程教学团队制

大学英语教师组成的教学团队中，老、中、青教师协调发展，共同进步。在一些新开课程中，可以尝试课程教学团队制，即同一门课程由两个或两个以上的教师担任教学，其中一个教师为主讲教师。这就是教师队伍建设中传、帮、带的具体体现。刚接受这门课程的新教师或年轻教师第一轮讲授少量内容，第二轮、第三轮逐步增加教学任务，直至独立承担这门课程。

(4)非师范毕业生岗前培训

外语教师不仅应该具备扎实的语言功底，还需要有一定的教育学、心理学知识。大学英语教师的专业化程度不高，据束定芳教授的调查表明，高校教师中师范毕业的仅占24%。

(5)信息技术系列培训讲座

大学英语的所有课程都在多媒体教室授课,同时支持教师逐步开设网络课程,所以大学英语教师要把不断提高信息素养作为自己的一项重要工作。为了配合教师的教学,可以引进教育技术专业毕业生,除了维护电教设备的正常运转外,还定期培训教师,让教师熟悉PPT的制作、电子表格的使用和制作、SPSS统计软件的使用、教学用语料库的建立等。

2. 提高科研能力

大学英语教师都是由传统的英语语言文学专业培养出来的,在学科和跨学科知识结构方面难免先天不足。外语专业的学生在读书期间未受到必要的科研方法和技能的训练,加上缺乏科研条件和氛围,许多大学英语教师也就缺乏科研意识。因此,营造研究氛围,提高大学英语教师的科研能力,创造研究条件,解决研究成果的固化问题就成了大学英语师资队伍建设的重要任务之一。

3. 提升学历

(1)设立留学基金

为了鼓励教师去国外攻读硕士、博士学位,提高教师学历的国际化程度,可以设立青年教师国外攻读硕士学位基金资助教师赴海外攻读学位。

(2)设立学位提高奖励基金

可以规定外语学院教师只要获得高一级学位,除了享受学校的奖励外,学院还将另外给予奖励。

第四节 高校英语教学的模式与方法

一、教学模式的定义

"模式"一词是英文model的汉译名词。Model还可以译为"范式""典型""原型"等,一般指被研究对象在理论上的逻辑框架,是经验与理论之间的一种可操作性的知识系统,是再现现实的一种理论性的简化结构。1972年,美国教育家乔伊斯和韦尔在其著作《教学模式》一书中,最先将"模式"一词引入到教学领域,并加以系统研究。他们认为教学模式是构成课程、选择教材、指导在教室和其他环境中教学活动的一种计划。将"模式"一词引入教学理论中,目的是想说明在教学过程中可以在一定的教学思想或教学理论指导下,建立起来各种类型的教学活动的基本结构或框架,从而形成指导整个教学过程的一系列程序和一整套策略体系,使教学活动科学有序地进行。

1990年,美国学者施瓦布等在其著作《教学:一种模式观》中提出,教学模式就是导向特定学习结果的一步一步的程序，认为教学就是构造学习环境，对能力、兴趣需要各不相同的学生的学习进行有效组织和引导的过程。

20 世纪 80 年代以来，我国教育界对教学模式的研究日趋重视，并取得了不少有益的研究成果。目前国内对教学模式的定义有多种，不同的定义之间有区别也有联系。有学者认为，教学模式也就是俗称的教学“大方法”。这种大方法不仅是一种教学手段，而且是从教学原理、教学内容、教学目的和任务、教学过程直至教学组织形式的整体、系统的操作样式，这种操作样式是可以加以理论化的。也有学者认为，教学模式是在一定的教育理念支配下，对在教育实践中逐步形成的、相对稳定的、较系统而具有典型意义的教育体验加以一定的抽象化、结构化的把握所形成的特殊理论模式。

何克抗教授则认为，教学模式是指在一定的教育思想、教学理论和学习理论指导下的，在一定环境中展开的教学活动进程的稳定结构形式，是教学系统中诸多组成要素（教师、学生、教材和教学媒体等）相互联系、相互作用的具体体现。简单地说，教学模式就是指按照什么样的教育思想、教与学的理论来组织教学活动进程。所以教学模式是很重要的，它是教育思想、教与学理论的集中体现。

上述这些定义从不同角度揭示了教学模式的基本含义。张武升教授总结了教学模式具备的一些基本特点：有一定的理论指导；需要完成规定的教学目标和内容；表现一定的教学活动序列及其方法策略。一个完整的教学模式的实现过程，应该包含有关教学的理论依据、目标、条件（或手段）、程序和评价五个要素。这些要素在教学活动中占有不同的地位，起着不同的作用，具有不同的功能，它们之间既相互区别，又彼此联系，相互蕴含、相互制约，共同构成一个完整的教学模式。

概括而言，教学模式是在一定的教学思想或教学理论的指导下建立起来的较为稳定的教学活动结构框架和活动程序。作为结构框架，突出了教学模式从宏观上把握教学活动整体及各要素之间内部的关系和功能；作为活动程序则突出了教学模式的有序性和可操作性。教学模式是再现现实的一种理论性的简化形式，它通过对教学系统运行过程的分析，运用系统方法总结出的理论简化形式，主要包含三个要点：首先，教学模式是对教学系统运行过程的再现；其次，它是理论性的，代表着教学系统运行过程的理论内容；再次，它是简化的形式，是对教学系统运行过程理论的精心简化。

从我国的现实情况看，20 世纪 90 年代以前的教学模式基本上都是以教师为中心。何克抗教授指出，这种教学模式的优点是有利于教师主导作用的发挥，有利于教师对课堂教学的组织、管理和监控。但是，它最大的缺陷就是忽视学生积极性和主动性的发挥，不能体现学生在学习过程中的主体地位，因而难以培养出富有创造性的创新型人才。为此，应该改革现有的以教师为中心的教学模式，创建新型的、既能发挥教师主导作用，又能体现学生主体作用的“主导-主体相结合”的教学模式，以便激发学生的主动性、积极性和创造性，从而实现培养创新型人才的教育目标。教学模式的改变将引起教学过程的根本改变,也必将导致教育思想、教学观念、教与学理论的深刻变革。所以,教学模式的改革比教学手段、教学方法的改革意义更为重大,当然也更为困难。①

二、教学模式种类

1. 建构主义教学模式

建构主义教学模式是在建构主义学习理论指导下建立起来的,是建构主义理论应用于课堂教学的教学模式。它提倡的学习方法是教师指导下的、以学生为中心的学习,其学习环境包括情境、协作、会话和意义建构等四大要素,因此,建构主义教学模式主张在老师指导下,以学习者为中心的学习。学生是信息加工的主体,是知识意义的构建者,而不是外部刺激的被动接受者和被灌输的对象。教师则是意义构建的帮助者和促进者。概而述之建构主义教学模式是指在教学过程中在老师指导下,以学生为中心,以探究为主要学习方式,利用情境、协作、会话等学习环境要素,充分发挥学生的主动性、积极性和首创精神,使学生有效地实现当前所学知识意义构建的教学程序及其方法策略体系。

建构主义思想自皮亚杰以来,在其对学生的学习进行考虑和反思的发展过程中形成了多种流派。虽然各流派在对知识、学习、教师和学生等问题的看法有许多共同处,因而其对教学目标的要求基本一致,但由于各观点侧重点不同,教学中所采取的教学方式和步骤也不一样。目前,研究比较成熟的有:抛锚式建构主义教学模式、支架式建构主义教学模式、随机进入式建构主义教学模式等。

2. 研究性教学模式

研究性教学是建构主义学习理论下形成的与之相适应的一种教学模式和方法。建构主义理论包括认知建构主义和社会建构主义。认知建构主义的开创者皮亚杰和社会建构主义奠基人维果茨基都一样重视学习的认知过程,把学习看成是学习者主动"建构"知识的过程,而不是通过他人"给予"而被动接受和使用的过程。"认知结构产生的源泉是主、客体相互作用的活动,在相互作用的活动中蕴含着双向结构。"

以建构主义为理论支撑的研究性教学是指"学生在教师指导下,以类似科学研究的方式去主动获取知识、综合运用知识解决问题的一种学习方式。研究性学习与一般意义的科学研究具有一定的相似性,如在研究过程上两者都要遵循提出问题、收集资料、形成解释、总结成果这样一个基本的研究程序。在这里,知识都以问题的形式呈现,知识的结论要经过学习者主动的思考、求索和探究。"可见,研究性教学理念的本质是学生主动参与的探索性学习,

① 葛春萍,王守仁.跨文化交际能力培养与大学英语教学[J].外语与外语教学,2016.

思维是学习的动力，学生是学习的主人，因此“外语是学会的”，“学”在这里是研习的意思。

在大学英语教学中倡导研究性教学理念，应该说是为内容教学提供了一条新路。众所周知，外语是一门工具性质的学科，而大学英语的工具性就更显突出。由于没有实质的教学内容，没有像高考这样重要的教学目标，大学英语的听、说、读、写技能训练因而就变得枯燥又机械。只有研究性教学，才使大学英语教学第一次有了真正的教学内容，并且在完成项目的研究过程中，学生的外语能力在实践中得到了锻炼，学生的思辨能力、创新能力得以发展，学生的学习能动性从根本上得到了改观。

但是研究性教学又不是完全淡化外语技能的培养，事实上，将所学的语言知识应用于信息获取、问题分析、精确讲说、书面写作等过程更能培养学生把外语作为一门工具的语言能力。另一方面，研究性教学在大学英语中的应用又有别于英语专业的研究性教学。英语专业的研究性教学是对英语语言学、文学和英语文化等的专业知识的学习和研究，而大学英语的研究性教学是让学生在一定范围内自主选题，题目可以是人文社会的，也可以是自然科学的，这样既锻炼了语言能力，又培养了思维能力，扩展了学生的知识面，一举多得。

近年来，美国和日本等国家都设置了类似的“研究型”课程，其共同点是：重视知识的掌握，但更注重学习的方法，强调主动学习和科学精神与人文情怀并重。

3. 人本主义教学模式

人本主义学习理论对学习本质的揭示是从人的自我实现和个人意义的角度加以描述，认为学习是个人自主发起的，使个人整体投入其中并产生全面变化的活动，是个人的充分发展，是人格的发展，自我的发展。根据人本主义学习理论，美国心理学家马斯洛、罗杰斯等创立的人本主义理论提出了10条学习原则：

①人生来就对世界充满好奇心，人类生来就有学习的潜能；

②当学生觉察到学习内容与自己的目的有关时，有意义的学习就发生了；

③当学生的信念、价值观和基本态度遭到怀疑时，他往往会有抵触情绪；

④当学生处于相互理解和支持的环境里，在没有等级评分却鼓励自我评价的情况下，就可以消除由于嘲笑和失败带来的不安；

⑤当学生处于没有挫败感却具有安全感的环境里，就能以相对自由和轻松的方式去感知书本上的文字和符号，区分和体会相似语词的微妙差异，换言之，学习就会取得进步；

⑥大多数有意义的学习是边干边学中学会的；

⑦当学生负责任地参与学习时，就会促进学习；

⑧学习者自我发起并全身心投入的学习，最深入，也最能持久；

⑨当以自我批判和自我评价为主、他人评价为辅时，就会促进学习的独立性、创造性和自主性；

⑩现代社会最有用的学习是洞察学习过程、对实践始终持开放态度,并内化于自己的知识积累。

简而言之,人本主义理论主张废除以教师为中心的模式,代之以学生为中心的模式,而以学生为中心的关键,是在于使学习者感到学习具有个人意义。

人本主义教学模式强调学习是一个情感与认知相结合的精神活动。在学习过程中,情感和认知是彼此融合、不可分割的两个部分。整个学习过程是教师和学习者两个完整的精神世界的互相沟通、理解的过程,而不是以教师向学习者提供知识材料的刺激,并控制这种刺激呈现的次序,期望学习者掌握所呈现的知识并形成一定的自学能力和迁移效果的过程。由此可以理解,教学也不再是以教师为中心,以知识输入讲解为主要方式的活动了。要使整个学习活动富有生机、卓有成效,需要以学习者为中心,深入其内在情感世界,以师生间的全方位的互动来达到教学目标。这不同于多年来我国大学英语教学课堂以教师为主体,以教师讲解传授为主要形式的教学方法。

4. 后现代主义教学模式

后现代主义教学观是在对教育"现代性"进行深刻反思的基础上形成的,具有开放性、超前性和创新性等特点。

我国后现代主义最早出现在20世纪80年代初的《读书》杂志上,1985年美国杜克大学的弗·杰姆逊教授在北大开了名为"后现代主义与文化理论"专题课,在此之后,后现代主义在中国得到了快速发展。总体而言,它是对现代主义所崇尚的总体一致性、规律性、线性和共性及追求中心性的排斥,主张以综合、多元的方式去建构,具有非中心性、矛盾性、开放性、宽容性、无限性等特征。

后现代主义教学观对大学英语教学改革的启示表现在:

第一,在打破"完人"教育目的观的同时,后现代主义者提出了自己的教学目的观。他们主张学校的教学目的要注重学生各方面的发展,不强求每个受教育者都得到全面发展,要培养符合学生自己特点及生活特殊性的人,造就具有批判性的公民。

第二,后现代主义认为现代主义的课程观是唯科学的、封闭的,多尔从建构主义和经验主义出发,吸收了自然科学中的理论,把后现代主义课程标准概括为4R原则,即丰富性、循环性、关联性及严密性。

第三,后现代主义认为教学过程是一个自组织过程。自组织是一个通过系统内外部诸要素相互作用,在看似混沌无序的状态下自发形成有序的结构的动态过程。

第四,后现代主义的师生观认为,在传统的教学中,教师处于知识传授的中心地位,而学生处于被动和弱势的地位。教师是话语的占有者,学生的自主性和潜能受到了压制,故后现代主义认为,必须在课堂教学中建立师生平等对话的平台。在科学技术日新月异的影响下,知识的传播已经发生了很大的变化，教师的主要任务是教会学生使用终端技术和新的语言规则。师生关系中，教师从外在于学生的情景转向与情景共存，教师的权威也转入情景之中，他是内在情景的领导者，而非外在的专制者。

第五，后现代主义的教学评价要求实施普遍的关怀，着眼于学生无限丰富性发展的生态式激励评价，让学生充满自信，每个个体都各得其所，始终获得可持续发展的动力。它强调教学评价应该体现差异的平等观，即使用不同标准、要求，评价不同的对象，主张接受和接收一切差异，承认和保护学习者的丰富性、多样性。

5. 学术英语教学模式

学术英语也是近来在大学英语教学改革中提到的一个新的课程设计理念，它是针对在大学英语教学中盛行了几十年的基础英语提出的。基础英语的教学重点是语言的技能训练，包括听、说、读、写、译等，而学术英语分为两大类：一般学术英语和专门用途英语。前者主要培养学生书面和口头的学术交流能力，后者主要涉及工程英语、金融英语、软件英语、法律英语等课程。

以学术英语为新定位的大学英语教学，既区别于以往的以语言技能训练为主的基础英语，也区别于大学高年级全英语的专业知识学习或者“双语教学”，当然也区别于英语专业学生所学的人文学科方面的专业英语。它是基础英语的提高阶段，即在学生掌握了一定的规则和词汇，达到了一定的水平后，为他们用英语进行专业学习做好语言、内容和学习技能上的准备，是在大学基础教育阶段为今后全英语专业知识学习打下基础的一种教学模式。

三、英语教学法评述

外语教学方法是在外语教学实践中，经过人们长期的反复探索，不断总结而形成的一系列行之有效的教学方法。一个良好的教学方法，可以为外语教学和研究的进一步发展打下基础。英语教学中我们采用几种有效教学方法并在英语教学中实践应用，总结出英语课堂教学实践中应根据学生实际情况采取多种教学手段传授知识，注重能力的培养，提高外语教学水平。我们在近几年的英语教学实践中，一点点地从传统的单一讲解教法中解脱出来，在英语课堂教学中充分使用质疑法、联想法、任务教学法、启发式教学法等多元化手段传授英语知识，收到较好的效果。

1. 质疑教学法

以“学生为中心”的课堂交互活动教学模式常见的为师生间的“IRF”形式，即激发(initiation)、应答(response)、反馈(feedback)。教师常以提问的形式发起交流活动，而后学生做答，教师提供反馈(包括评估、纠错和建议等)，三部分依次往复，循环进行。用此方法首先教师提出问题由学生进行思维答辩，在答辩中得出正确结论。课堂教学围绕答疑解惑的过程有序进行，质疑法可针对某一语言或语法现象，在课堂教学或练习讲评时使用，也可针对文章的主题、段落的理解、作者的意图等。课堂提问是一项重要的教学手段，是课堂上师生之间交流的一种方式，更是一种艺术。利用好质疑教学法是一种有效的教学途径。而教师的质疑提问要有启发性，提问的形式要具有创造性，要有新奇感、幽默感。所提问题能激发学生思考，促进学生的思维发展，引导学生积极探索，使学生不仅说出其然，还能说出其所以然，并提出自己的见解。

2. 任务教学法（Task-Based Approach）

英国 Aston 大学 Jane Willis（1996）在其论著中提出：任务教学法（TBA）的教学目标定位在学习过程和完成任务的操作过程上，注重学生的思维量和活动量；重视不同发展水平，不同潜能学生的个体特征；关注学习过程上的各种学习体验。TBA 体现了以学生为中心的原则，能够激发学生的学习兴趣，其优势在于以下几个方面。

（1）TBA 有利于提高学生的英语交际应用能力

TBA 反映出外语教学从重视语言知识向重视语言交际能力的方向转变，体现了外语教学从重视教师的作用转为重视学生的作用，从以教师为中心转为以学生为中心。以交际理论为基础的 TBA 宗旨是引导学生解决问题，在解决问题的同时习得语言和掌握运用语言的规则，它重视学生运用语言的能力，在教学过程中强调学生交际技能的掌握，如完成角色扮演、小组讨论、两人对话、分组辩论、回答提问、模拟采访、民意测验和陈述报告等交际任务，同时还要求学生模仿课文的内容与各种文体的短文，如记叙文，议论文及应用文等。

（2）TBA 有利于培养学生听、说、读、写的综合技能

现代外语教学理论主张把听、说、读、写看成是一个整体，既有联系，又互相作用，但不是独立的。在 TBA 教学法指导下的教学活动中，每项活动都有若干任务，这些任务包括一种或多种技能训练，只是侧重点有所不同。如以阅读为主的活动任务主要是读、写、说；而以听说为主的活动主要是听和说。因而 TBA 教学法综合训练了学生的四种技能，符合语言习得的自然规律。

因此 TBA 的主要优势在于：外语教学运用真正目的、意义上的真实交际。其目标是集听、说、读、写四项技能于一体。在 TBA 模式中，可用的任务其范围提供了一个很大的弹性空间激发学生学习活动。

3. 启发式教学法（Heuristic Teaching Method）

启发式教学的关键在于“启”和“发”二字，即启迪思维，激发内因。启发式教学模式是改变以前“以教师为中心”的教学方式，给学生充分的时间和空间，建立一种能培养学生独立开展创造性语言交际环境的课堂教学形式。启发式教学，在教育目标上强调传授知识的同时重视运用能力的培养以及非智力因素的发展；在教与学的关系上，采取“以学生为中心”的原

则;在教学方法上,着重于充分调动学生学习的主观能动性,培养学生英语综合应用能力。启发式教学是根据学生本来水平、兴趣等实际情况,科学而生动地阐明事理,启发、引导学生乐于学习,勇于、善于探索的教学法。

启发式教学方法所注重之点是要掌握处理经验中各项问题的方法。能给学生留下最持久印象的教师应当是能够唤起学生新的理智兴趣,把自己对知识的热情传导给学生,使学生有探究的渴望,找到自身的动力。启发式教学法是教师在教学过程中依据学生获得和掌握知识和技能所需要的思维过程的客观规律,引导学生主动、积极地掌握知识的教学方法。

4. 联想教学法(Association Method)

外语学习离不开记忆,心理学研究表明记忆的关键在于重复,但重复时应注意方式的变化,避免在同一种情况下长期机械地重复。心理学研究还表明,在大脑之中,联成网络状的知识记得最牢固、最清楚。联想是有机重复及网络形成的最佳契合点。抓住机会及思想灵感,有目的地就相关知识展开联想,既可以做到有机重复,又可以起到触类旁通的作用,把分散知识联成网络,符合人的认知规律。

联想,就其采用的形式而言,主要有临近联想、类比联想、对照联想、因果联想等。从语言教学的角度来看,就是当某一语言材料与另一语言材料有相同或相似之处时,由一材料引起对另一材料的联想。能唤起联想的语言材料比比皆是,联想的方法也多种多样。

运用联想教学法最重要的是教师要对大纲、教材了如指掌,需要在教学之中贯彻。要教会学生联想,教师首先应该在备课时联想,抓住灵感闪现的火花,及时从后往前,在教材之中查找可以联想在一起的内容。只有教师在自己大脑中先构建成网络,才能在教学中胸有成竹地引导学生通过重复,组成网络。如通过一个词联想起它的内容时,教师应该能够准确地说出所联想的内容在前面第几课出现过,要求学生马上重温,借助于温故而知新的方式来体现科学的学习方法。

作为外语教师,教学方法得当与否关系着学生能否学好外语。实践证明多元化教学的一个基本原则是以学生为中心,适当的教学方法,有效的教学手段,个性的学习策略是外语教学和学习成功的基础。在英语教学中,无论单一采用哪一种方法,都不会取得满意的效果。我们在不同的教学阶段,根据不同的教学对象,采用多种教学方法进行英语教学,不仅能把分散的、零星的语言材料系统化、条理化,巩固并增强记忆,完善并发展智力,而且能拓宽知识的广度,挖掘知识的深度,提高综合运用语言知识的能力,从而有效地提高教学水平。

第六章 跨文化交际英语教学思维

第一节 跨文化英语教学的理论建构

语言变化与社会发展同步进行，外语教学作为一门应用型学科必须以社会发展的需要和学习者个人进步的需要为出发点，以帮助学习者适应社会的政治、经济及文化发展为己任。跨文化交际成为当今世界的时代特征，跨文化交际能力成为学习者适应这一时代发展需要的必备能力，跨文化外语教学在这种背景下应运而生。

一、高校英语跨文化教学理论基础

1.语言与文化，语言教学与文化教学的关系

语言与文化之间密不可分的关系已经得到广泛认可。传统外语教学的基础学科——语言学，也从单纯的语言形式研究的禁锢中解放出来，衍生出了社会语言学、语用学、心理语言学等分支学科，进行了大量跨学科研究，使语言与思维、社会、文化和交际之间千丝万缕的联系逐渐被认识。任何一种语言的产生和发展都依赖于该语言群体及其赖以生存的社会文化。语言不仅具有表情达意的交际功能，它还是感知和思维的表现系统，前者是语言的外显功能，以语言输入和输出为形式；后者是语言的潜在功能，属于认知心理活动。两方面相辅相成，构成语言使用的全过程。

任何人际之间的交际都是从个体对外界环境进行选择性的感知开始，这个感知活动受个体的语言、文化和经历的影响。通过各种身体器官（视觉、听觉、触觉等）感知的结果然后经过大脑活动转换成概念或思想，这两个过程构成语言表达的第一阶段，即输入、内化阶段。要让对方知道自己的思想，还必须借助语言系统外化自己的感知结果和思想，这就是语言使用的外化、输出阶段。这一过程首先是将已经形成的概念和思想转换成能用外化的一个新的符号系统。这不是真正意义上的语言学习，在这种情况下，学习者学到的只是一套脱离了原来赖以生存的文化内容的符号系统，学习者只能用它来表达自己本族文化的一些思想内容，却无法将其作为与目的语语言群体进行交流的工具，因为离开了该语言所反映的社会文化现实，这一新的符号系统就好像一个没有了血肉的、僵化的躯干，失去了其原有的活力和价值。Bennett将这种熟练掌握了一门外语的语言体系，但是不懂该语言所蕴含的社会文化内容的人戏称为“流利的傻瓜”。他指出，这些“流利的傻瓜们”尽管懂得交际对象的语言，但是由于不理解他们的价值观念，所以会陷入各种麻烦之中，不是去冒犯别人，就是感到被别人冒犯，久而久之就可能对交际对象形成负面、消极的看法。

外语学习的目的多种多样，但是就正规的学校外语教学而言，提高学习者外语交际能力是一个共同的目标。外语交际能力的提高必然要求学习者了解目的语言所反映的文化意义系统，通过将目的文化与本族文化进行对比，调整和修改自己的认知图式和参考框架。只关注语言符号和语言形式，忽视语言使用中的文化内涵的教学显然是毫无意义的，外语教学应该与文化教学有机结合。

跨文化交际能力这一概念将跨文化交际学和外语教学两门学科联系起来，使两个原本独立的学科开始相互渗透、相互借鉴：外语交际能力作为跨文化交际能力的重要组成部分，逐渐受到跨文化培训人员的重视；文化与语言血肉相连，文化知识的学习和跨文化交际能力的培养理应成为外语教学家族中的成员。

2. 跨文化外语教学是外语教学发展的需要

外语教学是一门极其复杂的应用型学科，涉及学习者的认知心理、教师的教育观念、社会的政治经济环境等诸多方面，因此外语教学理论的建立需要借鉴很多不同学科的研究成果。而且，由于外语教学的宗旨是为社会和学习者个人发展服务，培养社会发展所需要的人才，所以随着社会的飞速发展，外语教学工作者也应及时更新观念，调整教学大纲和教学方法，以跟上时代发展的步伐，这就是第三次社会化过程的基本含义，也是外语教学为提高学习者综合素质所做出的贡献。

跨文化外语教学无论从语言与文化的关系和外语教学的需要来看，还是从社会发展的外部环境来看，都是十分必要的。一方面，文化作为外语教学的有机组成部分，为语言学习提供了真实而又丰富多彩的语境，使语言学习与真实的人和事物联系起来，从而刺激了学习者外语学习的积极性，增强了他们的学习动机，因此有利于促进外语语言教学，提高教学效果。另一方面，将语言教学与文化教学结合起来符合跨文化交际能力培养的需要，因为不学习目的语言，不通过交际实践，只通过媒体等渠道了解目的文化，只能是一种间接的文化学习，学习者不可能获取跨文化交际的亲身体验，因此很难在情感和行为层面达到跨文化交际能力的要求。在外语教学中进行跨文化培训可谓一箭双雕，既满足了语言学习的需要，又促进了跨文化交际能力的提高，从而充分发挥了外语教学的潜力。

到现在为止，我们的讨论还只停留在对跨文化外语教学的必要性和先进性的探讨上。理论说明固然重要，但是跨文化外语教学如何实施的问题则具有更实际的意义，如何在大纲和课堂教学中体现跨文化外语教学的思想是教师和学生更加关心的问题。

二、跨文化外语教学的目标和内容

确定目标和标准是教学计划和教学实践的第一步。跨文化外语教学近二十年来在美国和欧洲等国家发展很快，跨文化外语教学这一术语的使用目前并不统一。这里所指的跨文化外语教学在吸收这些理论思想的基础上，将跨文化外语教学思想又向前推进了一步，形成了具有中国特色的跨文化外语教学框架，确定教学目标，界定教学内容是这一框架的两个重要环节。

1. 跨文化外语教学的目标

跨文化外语教学的总体目标是：提高学习者的外语交际能力（语言文学目标，初级目标）；培养学习者的跨文化交际能力（社会人文目标，高级目标）。跨文化外语教学是交际法外语教学的延伸和发展，如果说提高外语交际能力是交际法外语教学的最终目的，那么它只是跨文化外语教学的一个部分，是促进跨文化交际能力培养的一个重要手段。这并不意味着外语交际能力培养应该附属于跨文化交际能力的培养，是一个次要的教学目标。实际上，在跨文化外语教学中，两个目标的实现同等重要。外语交际能力以目的语言和文化的学习为核心，以语言交际能力和阅读能力的提高为重点，是外语教学实用的语言文学目标。跨文化交际能力的培养作为外语教学的高级目标，是通过进行文化对比，增强跨文化意识，学习普遍文化知识，培养多视角的、灵活的、立体的思维能力和与不同文化群体进行交际的技能，来发挥外语教学对于学习者个人素质和综合能力培养所具备的潜力，这是外语教学的社会人文目标。虽然在一定程度上，外语交际能力是跨文化交际能力的前提和基础，但是，跨文化交际能力的培养过程，同样可以促进外语交际能力的提高，因此它们之间是一种相辅相成、相互渗透、共同发展的关系。

对外语交际能力的研究经历了一个发展完善的过程，基本上已经形成一套相对稳定、成熟的理论体系，这些理论在外语教学实践中得到了检验和充实。同样，跨文化交际能力作为跨文化交际研究的主要课题之一，也受到许多研究者的重视。由此可见跨文化交际能力在外语教学和跨文化交际两个学科领域之间所起的桥梁作用。尽管外语交际能力和跨文化交际能力都已在各自的领域得到了极其充分的研究，但是跨文化外语教学的目标和内容并非两者的简单相加。由于语言与文化教学的有机结合是跨文化外语教学的本质特征，因此一个相互渗透、融为一体的语言和文化教学框架才是我们追求的目标，语言与文化的有机结合应该从确定教学目标开始，贯穿外语教学的其他环节和整个过程。我们首先从教学目标着手。

英语中用 goals，aims 和 objectives 等 3 个词来表达不同层次的教学目的。前面我们已经提到了外语教学的两个目标，即 goals，这是对教学目的的一个总体、抽象的描述。只有对抽象的目标进行具体分析，才能将其转化成可供外语教育工作者教学设计的依据和参考，这些细化了的目标就是教学目的（aims）。与这些目的相伴而生的是衡量达到这些目的的标准（standards）。目的和标准的确定非常重要，因为一方面它是对总体目标的细分，是总体目标实现的衡量标准；另一方面又是对教学具体实施的指导，是确定课堂教学目的（objectives）和教学活动的基础，同时也是教学评估和测试的基础。这种承上启下的作用决定跨文化外语教学要得到外语教学界的普遍认可，成为一个健全、合理和实用的外语教学法，必须有明确的教学目的和标准。

教学目的和标准的确定基本上属于一种政府行为，一般是由政府教育机构发起，委托数名专家组成项目组进行调查研究，提交报告，最后再由教育部门审定和颁布，并监督实施，如美国 1996 年公布的面向 21 世纪全国外语教学标准，以及各州随后根据这一全国标准和地区的实际情况所制定的外语教学的目的和标准。这说明教学目的和标准的确定受社会文化和政治经济等客观环境的影响，虽然跨文化外语教学的本质特点适用于任何国家和地区，但是其教学目的和标准以及教学方法在美国和欧洲可能有所不同。同样，在中国的国情下，跨文化外语教学也应该具有自己的特色，不能一味模仿，全盘照搬西方国家的做法。

（1）知识层面

语言意识即知道语言的基本特点和功能，理解语言和语言使用与社会文化之间的关系；文化意识是知道文化的基本概念和特点，理解文化与语言之间的相互作用；目的文化知识包括了解目的文化的交际风格、了解目的文化的非语言交际特点、了解目的文化的社会习俗、了解目的文化的社会结构、理解目的文化的价值观念、了解目的文化的历史与地理和环境、了解目的文化的文学和艺术。

（2）能力层面

外语交际能力包括语言能力、非语言交际能力、社会文化能力、交际策略；跨文化交际能力指的是能够分析和观察文化现象、能够将目的文化和其他文化与本族文化进行比较、能够反思并更好地理解自己的民族文化和个人文化参考框架、能够接受文化差异，将文化差异与不同的价值、意义系统联系起来、能够根据交际场合和交际对象调整自己的言行、能够以跨文化的人的身份参与跨文化交际，做一个文化协调员能够采用灵活的、多角度的立体思维方式，意识到不同文化没有好坏优劣之分，只有异同的存在。以上跨文化外语教学的目标框架以培养学习者外语交际能力和跨文化交际能力的总目标为宗旨，从认知、行为和情感 3 个层面对教学目标和目的进行了描述，为教学内容的选择、教材的编写、教学方法的设计、教学测试和评估以及教师培训等环节提供了依据和参考。

2. 跨文化外语教学的内容

跨文化外语教学的目的包括知识、能力和态度三个层面，因此教学内容也应该全面考虑学习者这三方面的需要。下面我们来对所列出的教学内容进行分解。首先，跨文化外语教学内容由四个模块构成：目的语言、目的文化、其他文化和跨文化交际能力。目的语言和目的文化这两块的内容与我们现行外语教学的内容基本吻合，通过这两方面内容的学习，学习者能够掌握目的语言知识，并能使用该语言与目的语言群体进行有效交际，这就是外语交际能力。值得一提的是，在这两个模块中分别增加了“语言意识”和“文化意识”两项内容。① 将语言意识列为教学内容是希望学习者通过学习目的语言，反思自己的母语，了解语言的普遍规律，尤其是了解语言与社会和文化之间的关系。同样，培养学习者的文化意识是为了让他们了解文化的构成、文化的作用、文化的发展规律等文化相关知识，文化意识是跨文化意识和跨文化交际能力培养的基础。此外，文化交流作为目的文化教学内容的组成部分，指的是学习者本族文化和目的文化之间的交流，即学习者在学习目的文化知识的同时，不断寻求机会，或由教师创造机会，去体验目的文化，并且反思本族文化，将目的文化与本族文化进行比较，以增强对文化差异的敏感性，培养对目的文化的移情态度。值得注意的是文化交流与语言使用应该属于同一个内容范畴，因为它们通常是相伴而行，同时进行的，文化是交流的内容，语言是交流的手段。

外语教学内容的第三模块是其他文化的教学。这是跨文化外语教学不同于其他以文化为基础的外语教学的特点。如果说外语交际能力是以目的语言和目的文化的掌握及应用为目的，那么跨文化交际能力则是一种以学习者母语和本族文化以及目的语和目的文化的学习、交流、反思和体验为途径，同时兼顾学习和了解其他语言和文化的特点，进而超越各种具体文化束缚的一种灵活的交际能力，是以与来自世界各种不同文化的人们进行有效交际为目的的能力。如果外语教学完全排除其他文化的内容，势必会造成学习者徘徊于本族文化和目的文化之间，而忽略了其他文化的存在，这不利于培养学习者的跨文化意识，也不利于跨文化的人的培养目标的实现。虽然外语教学由于时间和精力的限制，不可能让学习者同时全面学习和体验多种不同的文化系统，但是在一定程度上了解除本族文化和目的文化之外的其他文化的特点是可行的，可以通过教学材料的选择和教学方法的设计来完成。

跨文化外语教学内容的另外一个范畴是跨文化交际能力的培养，它包含的教学内容很多。其中跨文化意识指的是对文化差异敏感性和态度的培养，跨文化交际能力是一个宽泛的概念，是一个包含知识、能力和情感各个层面的综合素质，而跨文化交际实践，作为教学内容之一，主要是由教材和教师提供或创造跨文化交际的机会或情景，让学习者去体会跨文化交际过程中可能出现的问题，如文化冲撞、误解等，在教师的帮助下，他们从中学会自我调节，掌握解决问题的方法。在这个教学模块中还包括了跨文化研究方法的教学，其意义在于跨文化交际能力的培养是一个终身学习的过程，学习者不可能在学校教育期间学习世界所

① 杨郁梅.第三空间视域下跨文化交际能力与英语水平的关系[J].现代语，2016.

有不同的文化，外语教学也不可能预计学习者将会遇到的各种跨文化交际情景，因此掌握跨文化研究的方法是最现实、最有效的途径。

三、跨文化外语教学大纲的特点

跨文化外语教学的本质特点是以跨文化交际能力为组织原则、以文化为中心的外语教学，这显然与提高外语阅读能力或外语交际能力为目的的外语教学不同。除了上节论述的目标、目的和内容上的区别之外，教学大纲的组织结构也有很多不同之处。

1. 三种外语教学大纲比较

早期传统外语教学的大纲受语言学影响，具有很强的科学性，外语教学内容被线性分割，语音、语法、词汇等作为教学的主要内容，与它们得以存在和使用的、真实的社会文化语境几乎完全脱节，学习者的主观思想和个人体验更是被置于九霄云外。这种客观科学的教学大纲的典型代表是直接法和听说法。后来的交际法外语教学和其他一些以语言能力为目的的外语教学法采取的是一种介于科学性教学大纲和人文性教学大纲之间的、过渡性和连接性的课程大纲，其特点是强调学习者使用所学语言知识，来表达自己的思想和感情的重要性，在这个教学大纲中，意义的理解和表达重于语言结构和形式的学习，学习者的个人需要和主观作用得到了一定程度的认可。人文性的教学大纲考虑外语教学的社会、经济和政治环境，以及学习者自己的知识和体验对于外语教学的作用，沉默法、暗示法和社团学习法都属于这种人文性的外语教学模式。

交际法和人文性大纲都包括了文化内容，只是前者的文化教学较为肤浅，只涉及与语言和语言使用相关的文化内容，忽视了社会文化环境和学习者个人文化背景在外语教学中的作用；后者的文化内容虽然较之要丰富、自然得多，但是，其目的仍然是促进语言教学，因此文化在外语教学中仍处于辅助、次要的地位，文化教学自身的价值和独立性没有得到重视。只有跨文化外语教学才真正认识到文化教学不仅对语言学习必不可少，而且也是跨文化交际能力培养和学习者个人综合素质发展的必经之路。将文化教学提高到与语言教学同等重要的地位是跨文化外语教学的创举，因此跨文化外语教学大纲将充分体现这一特点。

2. 跨文化外语教学大纲的特点

跨文化外语教学大纲的特点可以归纳为以下几点。

(1)文化与语言互为目的和手段，共同构成外语教学的基础内容

文化是语言存在和使用的环境，通过学习语言形式和语言使用中所蕴含的文化内容，使语言学习更加全面深入，真实生动。语言教学材料因为文化内容的全面渗透而被置于一个真实的、丰富多彩的文化环境之中，拉近了学习者与学习对象之间的距离，使学习个人化、自主化，有利于刺激学习者外语学习的积极性，促进外语交际能力的提高。从这个意义上来说，文化学

习的目的是更好地学习语言，文化学习是语言学习的手段。这种观点得到了很多外语研究者和教师的认可，并在外语教学中广泛实施。然而，在跨文化外语教学中，这只是一个方面。

语言是对文化的反映，语言学习必然是文化学习。语言学习的目的是习得目的语言，掌握一个新的交际工具，它同时也是为了开阔眼界，学习者通过学习和使用目的语言，来学习和体验目的文化，并在此基础上接受跨文化培训，培养跨文化意识，获取跨文化交际能力。所以说，语言学习是文化学习的手段，而文化学习是语言学习的最终目的。

值得一提的是，母语和本族文化在这一教学过程中起着重要的作用。它们虽然不是教学的主要内容和目的，但是在培养语言意识和文化意识，进行文化对比时，母语和本族文化的作用不可轻视。而且，根据跨文化外语教学的标准，反思并更好地理解自己的民族文化和个人的文化参考框架也是教学目的之一，因此制订大纲时应该考虑这一点。

(2)文化教学与语言教学有机结合

这是对前一点的继续说明。处于同等重要地位的语言与文化内容的有机结合贯穿外语学习各个阶段（初级、中级和高级）、各个环节（外语教学计划、课堂教学和教学评估与测试等）和各门课程（听、说、读、写等）。虽然根据学习者的语言、文化和认知水平，在不同阶段语言和文化的学习会各有侧重，但是，就外语教学整体来说，两者处于同等重要的地位。正因为两者天生不可分割的关系，它们在实际教学中也应该是你中有我，我中有你。当然，语言与文化在外语教学中的有机结合并非易事。教学内容的膨胀和不熟悉的教学要求往往会使缺乏经验的教学设计者和教师难以兼顾，顾此失彼。这就要求大纲制订者、教材编写者和教师培训者等各路专家广泛合作，充分研究语言与文化在教学中结合的途径，将研究结果转换为实用的、操作性强的、系统化的大纲、教材和培训项目，给教师以足够的准备和实实在在的帮助。

跨文化外语教学的目标是通过小学、中学、大学，甚至持续到大学毕业后的外语教学和社会实践来实现的，这是一个连续的、一贯制的学习过程，在这个过程中有很多因素会对教学成果产生影响，其中各阶段教学目标的确定、课程设置、教学活动、教学方法、教学原则、教材、测试和教师等因素起着决定性的作用。

第二节　跨文化英语教学的原则与方法

一、跨文化外语教学的原则

一般来说，教师是教学的主要执行者，是教学的主体，韩愈所说的“传道、授业、解惑”就是对教师的主导作用的精辟描述。但是在跨文化英语教学中，教师的主体作用得到了不同阐释，学习者的中心地位凸显出来，英语教学也因此呈现出不同的特点。这些特点集中表现于以下四条教学原则。

1. 以学习者为中心，以引导学习者进行自主学习为主要教学模式

学习者是教学过程的真正主体，教师的教学、教材的编写和教学方法的设计和选择都必须围绕学生的实际需要进行。在跨文化英语教学中，不仅学习者的英语语言学习需要受到应有的重视，在整个教学过程中，他们对母语和本族文化的体验和理解、对目的文化和其他文化的态度、个人综合素质的提高，包括立体思维方式的形成和跨文化交际能力的培养、甚至对整个人生的态度等等很多与学习者的过去、现在和未来密切相关的主题都是教学设计和教学活动的考虑因素。就教师而言，引导学习者进行自主学习是其主要任务，虽然知识的传授和规则的讲解仍然必不可少，但是教学的中心应该转向学习者自主学习能力的培养。这一点对于跨文化英语教学来说非常重要，原因之一是当今世界信息爆炸，知识不断更新，培养终身学习的思想，掌握独立学习的方法成为教育界普遍关注的一个趋势。另一个原因是跨文化英语教学的目标和内容相对于传统的外语教学而言扩大了无数倍，而教学时间基本不变，不可能有大幅度的增加，因此学习者在校期间有很多教学内容无法接触和学习，教师只有通过"授之以渔"的方法，才能确保教学目标的最终实现。这也是为什么将学校后的英语和文化学习也纳入整个教学体系的原因。以学习者为中心、以学习为中心的思想在后面几条原则中也都有体现。

2. 语言教学与文化教学有机结合

语言和文化在跨文化教学中互为目的和手段。英语发展成为国际通用语的动因之一是跨文化交际日益频繁，来自世界各地、各民族、各文化群体的人们需要这一通用语作为沟通和交流的媒介，因此英语学习的目的之一就是进行有效的跨文化交际。而且，由于英语语言学习本身涉及文化的学习，所以我们完全有理由说，英语语言的学习是文化学习的手段，文化学习和跨文化交际是英语学习的目的。反过来，文化学习为英语语言学习提供丰富多彩、真实鲜活的素材和环境，大量文化材料引入英语教材和课堂，不仅使英语学习生趣盎然，而且是英语交际能力培养的重要保证。总之，跨文化英语教学包含语言教学和文化教学两个相辅相成、不可分割的方面。

所以，在教学设计和课堂教学中语言教学和文化教学必须有机结合。这种结合体现在外语教学的各个阶段、各个环节。虽然，根据学习者的认知水平和学习需要，在不同阶段和不同课程中，语言和文化各有侧重，但是在跨文化英语教学中没有单纯的语言课或文化课，只要具有这种意识，总能找到两者的结合点。

3. 从实用主题过渡到间接、抽象的意识形态领域

不同年龄层次的学习者在认知水平、情感发展和经历、经验上都有很大的差别，这些差别必然导致教学内容和教学方法的不同。一般情况下，对于年龄较小的学习者来说，与他们的生活和学习息息相关的、具有可比性的、具体的、直观的教学材料较为合适。随着学习者认知水平的发展，心理承受能力的增强和人生体验的增加，语言和文化教学内容的深度和广度逐渐扩大到一些间接的、复杂的、需要进行抽象思维的意识形态领域。就文化教学而言，这种相关性和适合性的原则更至关重要。跨文化交际能力的培养是一个漫长而复杂的过程，在这个过程中，由于学习者对母语和本族文化理解和体验是学习过程中不可缺少的一部分，学习者在学习外国文化的同时，还一直处于一种自我认识、自我反省、自我批评、自我完善的状态之中，任何与他们的经历和认知能力相距甚远的教学内容和方法都将背离以“自我”与“他人”比较对照的文化学习原则。

4. 平衡教学内容和教学过程的挑战性

任何教学活动都涉及教学内容和教学过程两个方面。为了取得最大的教学效果，内容的安排和过程（即教学活动）的设计必须考虑对学习者的挑战和支持程度。理想的教学应该是挑战和支持得到很好的协调，如果内容复杂，难度较高，那么教学活动或过程就应该相应降低难度，给学习者较多的支持；相反，如果内容简单、难度较低，教学活动就应该具有较高的挑战性。只有这样，才能保证学习者从教学中得到最大的收益。否则，复杂的教学内容如果被置于挑战性很强的教学活动中进行学习，学习者就会有很强的恐惧心理和挫折感，不利于调动他们的学习积极性；相反，如果内容简单，教学活动又缺乏挑战性，那么学习者的学习潜力不能得以发挥，而且他们也会觉得乏味，学不到东西。

处理好教学内容与过程，挑战与支持之间的辩证关系是跨文化培训的一个重要理论和原则，它对于跨文化英语教学来说同样适用。

二、跨文化外语教学的常用方法

近年来，随着跨文化培训和外语教学的蓬勃发展，文化教学方法和语言与文化结合教学的方法层出不穷，首先介绍几种常用的文化教学方法，然后对如何在实际教学中将文化教学与语言教学有机结合进行探讨。

1. 文化教学的常用方法

文化教学方法大都是由跨文化培训专家通过实践，结合社会学、文化学、教育学和心理学的相关理论研究开发出来的。目前，广泛使用的方法归纳起来有以下几种。

（1）文化讲座

讲座作为传授知识的一种有效手段，对于文化教学来说也是必不可少的。跨文化交际能力的培养需要学习者了解和掌握相关文化知识，如文化的本质特点和功能，文化包含的内容和范畴，不同文化的价值观念和习俗规范等，都可以通过讲座的形式传授给学习者，不同文化主题构成一系列的文化知识讲座，有利于学习者进行系统文化知识的学习。但是，文化讲座提供给学习者的大都是间接的经验，而且大量冗长的讲座往往会使学习者感到厌倦，所以我们在设计讲座时应该力求简明扼要、生动有趣，而且还要辅之以其他方法来强化讲授内容。

(2)关键事件

通过分析实际跨文化交际中发生的、具有典型代表意义的失败案例来说明跨文化交际中误解产生的原因，帮助学习者了解两种不同文化在某个方面的不同期望和表现。具体做法是，首先对来自不同文化背景的交际双方之间所产生的误解及情景进行描述，然后给出4个解释误解产生原因的选择，让学习者根据自己的理解进行选择，如果一次选错，就请他们再选，直至选对为止。由于这些案例通常来自于真实的交际，对学习者来说非常有趣，而且因为这些案例具有代表性和启发意义，能够刺激学习者在阅读案例和选择答案时进行思考，有利于跨文化敏感性的培养。

(3)模拟游戏

这是一种亲身体验式的活动，旨在挑战假想，扩大视野，促进能力的提高，学习者通过模拟游戏可以感受一些自己尚未经历过的情景，从中获取经验和认识，这对于文化学习者来说至关重要。

以上各种方法虽然以跨文化能力培养为主要目的，但是经过变通和再设计也可以与外语教学有机结合，成为跨文化外语教学的方法。

2. 文化教学与语言教学有机结合的方法

除了以上文化教学的各种方法之外，我们还可以在促进教师和学生改变教学观念的基础上，通过对传统外语教学方法和子段进行改革，开发出一些将文化教学与英语语言教学有机结合的方法。

(1)通过文学作品分析来进行文化教学

文学作品分析是语言教学的一个常用手段，中国很多英语教学活动都是通过分析和欣赏文学作品来进行的。文学作品蕴含丰富的文化内容，语言形式和文化内容在此得到完美结合，因此在文学作品分析的过程中同时进行语言教学和文化教学不仅是可能的，而且也是必要的。实际上，传统的语言教学在分析文学作品时并没有避而不谈文化内容，只是教师没有将文化教学列入教学目标，文化内容的讲解服务于语言教学的需要，处于一个从属、次要的地位。要改变这一现状，我们必须在确定教学目的和目标时，考虑文化教学的需要，使文化教学内容和语言教学内容并列成为教学关注的对象，利用文学作品是语言和文化完美结合的优势进行跨文化外语教学。

(2)词汇教学与文化教学的结合

任何语言的词汇都承载着丰富的文化信息，每个词所包含的文化内涵是任何词典都无法穷尽的。如“早饭”一词在汉语、英语和法语中，不仅表达形式和发音不同，而且其文化所指也不尽相同。此外,不同语言中的词汇还反映说话者不同的价值观念。正因为词汇及词汇的使用具有浓厚的文化特点,我们在进行词汇教学时不能只停留在词汇的意思和用法上,还应该介绍词汇包含的文化内容,尤其是要呈现词汇在真实文化语境中具体使用的情况。就目前的外语教学而言,词汇教学中文化教学的潜力没有得到充分挖掘,教师通常呈现给学生的都是从词典下载的词义解释,很少能将词汇所蕴含的文化意义介绍给学生。另一个问题是学习者在学习生词时通常处于被动接受的状态,这就导致他们所学的词汇成为一组僵化的符号,无法在真实的交际活动中加以运用。我们在对词汇的本意、比喻意义和文化内涵进行全面介绍的基础上,还应该将它们置于真实的文化语境中进行操练,让词汇知识转换成词汇使用能力。例如,我们教描写人物的形容词时,除了介绍词义之外,还可以选择一些来自本族文化或目的文化的、真实的历史或当代人物,用这些形容词来进行描述;也可以让学习者用这些形容词来描述自己。这样做,学习者既可以学会这些描写形容词的词义,也能了解它们的文化内涵,还有机会接触来自不同文化背景的历史人物故事。显然,这种词汇教学方法将词汇教学与文化教学有机结合,不仅使词汇学习生动有趣,而且将文化学习落到实处。语义场的使用也是词汇教学与文化教学有机结合的一种手段。

(3)阅读教学与文化教学的结合

阅读教学被认为是最容易与文化教学联系起来的教学活动之一,因为只要我们选择那些包含文化内容的阅读材料即可实现语言教学与文化教学的有机结合。然而,事实并非如此,目前很多阅读教师并不能很好地利用阅读教学的这一优势进行有效的文化教学,或是因为受传统的以语言形式为中心的教学思想的影响,或是因为对目的文化知之甚少,阅读教师致力于提高学生阅读速度和阅读理解能力的同时,关注的是语音、语法、词汇、句型和翻译等语言学习的内容,在很大程度上忽视了阅读篇章中蕴含的文化信息,即使谈到相关文化的某些内容,通常也不是以增强学生的文化能力为目的,而是帮助他们更好地理解篇章本身。总之,目前外语阅读教学并没有将文化教学列入自己的教学目标和内容,因此有关文化讨论也不是真正意义上的文化教学。

要真正实现阅读教学与文化教学的有机结合必须在确定教学目标和教学内容时考虑文化教学的需要,在实际教学中可以通过设计读前和读后任务将学习者的注意力吸引到篇章内容上,进行相关文化的讨论和学习。例如,在阅读一篇关于美国饮食文化的英语文章前,我们可以提出一系列有关学习者本族文化中饮食习惯的问题,让他们进行读前热身,然后建议他们在阅读文章时注意美国饮食文化与自己的饮食习惯的异同,读完文章后,学生在回答有关美国饮食文化的相关问题的同时,进行文化对比。教师对语言点的解释可以插入到讨论中,也可以在这些文化教学活动结束之后,但不能让语言形式的学习压倒篇章内容的理解和文化内容的讨论。

(4)听说教学与文化教学的结合

阅读有利于学习者学习和了解相关文化知识,听说活动则使他们有机会切实感受跨文化交际过程,提高交际能力。无论听说,都必须以内容为基础,因此内容的选择和安排至关重要。我们首先要保证听说的材料相主题必须是真实的,具有代表性的,能够真实反映目的文化或本族文化的不同侧面。其次,在跨文化英语教学中,由于英语教学和文化教学同等重要,所以在编写听说教材时不仅要考虑学习者的语言水平和语言学习的需要,还应注意文化内容的系统性,即将语言教学的需要与文化教学的需要结合起来作为选择和安排教学材料和内容的依据,使学习者系统地学习文化知识,增强文化能力。当前的英语听说教学虽然比较重视材料的真实性,所选材料基本上都具备文化教学的价值,但是在文化内容的选择和组织上比较随意,缺乏系统性,这实际上也是整个外语教学不能最大程度发挥其文化教学功能的主要原因。

此外,跨文化英语听说教学应该充分利用多媒体教学手段,这不仅有利于提高学习者进行语言交际的积极性,更是跨文化交际能力培养的需要。日益发展的多媒体技术为在外语教学中进行文化教学开辟了新的道路,它可以将各种跨文化交际情景真实地呈现给学习者,让他们有一种身临其境的感受。图文并茂、音像俱全的听说材料使学习者的各种感官受到刺激,特别有利于从情感和行为层面上培养他们的跨文化交际能力。

语言与文化在教学中有机结合的方法不仅限于以上,随着跨文化英语教学思想的不断深入人心,相信更多更好的方法将会被开发和应用。然而,在此我们必须强调教师和学生转变教学观念的重要性,要真正做到语言教学和文化教学的有机结合,教师和学生必须认识到外语教学应该承担双重任务:既要促进学习者外语交际能力的提高,又要帮助他们培养人文素质,形成立体、多维的思维方式,成为跨文化的人。只有在这一前提下,我们才能确保跨文化外语教学思想得到有效贯彻和实施。

三、民族文化学的参与观察法在跨文化外语教学中的应用

民族文化学的研究方法俗称参与观察法,是文化人类学和社会学经常采用的研究方法,近年来在其他社会科学领域也得到了广泛的应用。简而言之,这是一种实地考察的方法,研究者与研究对象同吃同住,对他们进行参与性的观察,从"圈内人"的视角来分析、描述某一群体的社会和文化活动。随着跨文化交际研究和跨文化英语教学思想在美国和欧洲的兴起和发展,这种方法逐渐被应用于跨文化培训和外语教学,拓宽了跨文化外语教学的渠道,成为一种语言与文化学习和个人综合能力培养的有效方法。

1. 民族文化学参与观察法的特点

作为一种文化研究方法,参与观察法主要有这样一些特点:研究者既是参与者,又是观

察者；与研究对象之间既亲密无间，又保持一定距离。正是这种特殊的身份使他们能够完成对目的文化各个层面或某些层面的研究。它是一种具体的、从实践到理论，而不是抽象的、从理论到实践的研究方法。研究者置身于目的文化群体之中，与人们进行广泛深入的交流，自然而然了解目的文化，得出关于目的文化的某些结论；它以具体文化为研究对象，属于具体文化研究，而不是文化普遍理论研究。

2. 民族文化学参与观察法对外语教学的作用

参与观察法被引入外语教学的直接动因和先决条件是文化作为外语教学有机组成部分的地位得到普遍认可，外语教学的目的既是提高外语语言能力，也是增强跨文化意识和跨文化交际能力，同时还是培养学习者独立学习和立体思维能力，提高综合素质。在这一前提下，以参与观察为主要形式的民族文化学的研究方法在外语教学中就展现出其得天独厚的优势。

总之，跨文化英语教学与传统的英语教学在教学目标和教学内容上的不同决定了其教学原则和方法的不同。跨文化英语教学既关注外语教学的语言文学目标，又重视外语教学的社会人文目标，它在教学原则和方法上与传统外语教学最大的区别在于以下几点。

第一，语言教学与文化教学有机结合，语言与文化互为目的和手段。英语语言的学习是文化学习的手段，文化学习和跨文化交际是英语学习的目的；文化学习为英语学习提供丰富多彩、真实鲜活的素材和环境，是英语交际能力培养的重要保证。语言教学与文化教学的结合贯穿外语教学的各个阶段，各个环节。

第二，自主学习能力的培养和文化学习方法的探索是跨文化英语教学的重要内容。语言的学习和文化的学习都是一个终身学习的过程，学习者不可能永远依赖老师进行学习。跨文化交际能力的培养尤其需要学校教育与社会实践相结合，因为学习者离开学校进入社会后，有很多继续学习和亲身实践的机会，这些机会很好地弥补了学校实践教育的不足。只有在学校教育期间帮助学习者提高自主学习的能力，掌握文化学习的方法，他们才可能在离开学校后能够利用各种学习和实践机会，进一步提高自己的跨文化交际能力。

第三，跨文化英语教学特别重视调动学习者的各种学习潜能和机制，充分利用各种教学手段多层次、多渠道地进行教学。跨文化交际能力的培养过程就是学习者的认知、情感和行为不断变化的过程，它需要学习者积累知识，转变态度，调整行为，发展技能。这种学习要求只有通过开发和应用多种教学手段才能得到满足，日益发展的多媒体网络技术为此开辟了新的途径。

第四，跨文化英语教学重视学习者本族文化的作用，并将认识、反思和丰富本族文化作为教学目的之一。比较和对比是实现这一教学目的的主要方法，学习者在英语语言学习和文化学习过程中，不断地将本族文化现象与其他文化的相关现象进行比较和对比，形成对本族文化的再认识。

跨文化英语教学虽然采用说教式的知识传授法与体验探索式的教学方法并用的教学方法,但是后者的作用非常明显。民族文化学的参与观察的研究方法就是一种典型的体验探索式的学习方法,是跨文化英语教学的一个重要特色。

第三节　跨文化英语教学中的教师与学生

一、外语教师与文化教学

在外语教学中进行文化教学已经有很长的历史,文化教学对于外语教师来说并不陌生,他们或是因为自己的认识和感悟,或是迫于教学大纲等外部环境的要求和规定,都有意、无意地以不同方式从事着文化教学。然而,即使在文化已在大纲中被明确确定为外语教学的内容和目标之一的国家和地区,文化教学的现状也令人担忧,其他国家和地区的状况就更不用说。这种担忧主要体现在教师对文化教学的态度、理解和实践都无法满足跨文化外语教学的需要。来自不同国家和地区的一系列调查研究报告有力地证明了这一点。

大多数调查都发现了这样一个有趣的现象:很多外语教师对文化教学的理解和认识与他们实际的教学有很大的不同。他们对文化教学表示强烈的支持,而且也认识到文化教学有很多好处,愿意采用各种手段和材料进行文化教学,但是在实际教学中,他们却似乎完全抛弃了这些认识和理解,仍然按照传统的教学观念和教学方式进行语言教学。

二、跨文化外语教学对教师的要求

跨文化外语教学的目标是在提高学习者外语交际能力的同时,培养他们的跨文化意识和跨文化交际能力,进而培养他们多视角、立体的思维能力和综合素质。其基本特点是充分挖掘外语教学的文化教学功能,将外语教学与文化教学有机结合、融为一体。显然,这样扩大了的教学目标和教学内容对教师提出了新的要求和挑战。一般来说,外语教师除了具备良好的外语语言功底之外,还应该掌握 3 个方面的知识和能力:外语学习理论、外语教学法、课堂教学实践。

外语学习理论是关于外语学习的本质、过程和规律,是指导教师进行教学的理论基础。外语教学法知识帮助教师理解教学目的和内容,了解各种教学方法的优劣,是学习理论和课堂实践之间的桥梁。课堂教学实践则是对教师具体教学活动安排和实际课堂组织能力等方面的要求。

由于跨文化外语教学增加了文化教学层面,强调跨文化意识和跨文化交际能力培养,所以以上对外语教师的要求显然不够。那么,除了这些条件之外,跨文化外语教学要求教师还要具备哪些素质呢？下面从知识、能力和态度3个方面来回答这个问题。

从知识层面上来说，教师应该：掌握普遍文化知识，即文化的基本概念、构成、特点及其对社会和个人的作用；掌握一定的具体文化知识，即了解目的语文化、本族文化和其他文化群体的特点和彼此之间的异同；理解语言与文化和社会之间的相互作用，特别是目的语言在不同社会文化背景中的使用情况；理解跨文化交际能力的概念和意义，了解导致跨文化交际困难和失败的因素。

就能力而言，外语教师应该做到：在课堂和课外其他跨文化交际场合，用目的语言进行恰当有效的交际；合理利用教材和其他真实的语言文化材料，引导学生关注文化内容，刺激他们对文化问题的思考；善于设计和组织课堂活动，将学生自己的文化体验与教学内容结合起来，创造更多的体验式学习机会；采用多种不同的文化教学方法和手段，全面、深入地传授文化知识，培养文化能力；将外语教学与文化教学有机结合，通过教学材料的选用，教学活动的设计有意识地引导学习者既注意语言能力的提高，又关注文化能力的培养；以培养能力为主，引导学习者摸索学习方法，掌握独立学习的能力，促进学习者自主学习。

从态度层面，外语教师应该具备这样的素质：敢于面对挑战，尝试新的教学思路和方法；愿意像学生一样，不断学习和探索外国文化，反思本族文化和自己的文化参考框架及言行；愿意与学生分享自己的学习体验和跨文化交际体验，即便是失败的经历；尊重学生，对不同文化行为和思想不妄加评判，永远保持一种宽容、理解和移情的态度。

三、文化教学培训

培养一名合格的外语教师并非易事，他（她）不仅需要具备良好的语言功底和交际能力，而且还要懂得学习者的认知心理、情感特征和教学规律，同时最好具有丰富的教学经验。这一切不可能在短短的几天、几周或几个月内完成。实际上，一名教师的培养过程从他（她）外语学习的第一天就开始，经过学校教育的不同阶段，一直持续到他（她）走上讲台前的业务培训，甚至还延续到上岗后教学经验的积累和各种在岗培训。就基础教育对教师培养的作用来说，我们稍加反思就会意识到我们目前采用的教学模式和方法或多或少受到了以前我们自己的英语教师的影响。中国外语教学之所以长期以来一直无法摆脱以语法和词汇为中心的传统教学方法，在一定程度上是因为这种方法得以代代相传，从一开始就被教师根深蒂固地植于学习者的脑海里。由此看来，基础教育是培养合格教师的关键，我们必须从现在开始让学生接触新的教学思想和教学方法，同时鼓励他们不断创新，只有这样才能最终改变因循守旧的陋习，为他们日后成为教师接受新观念、探索新方法打好基础。

1. 培训目的和内容

由于培训可分为岗前培训和在岗培训，教学方法培训和教材使用培训，短期培训和长期培训等多种不同类型和不同内容的培训，所以我们不能期望教师经过某一次培训就能完全掌握教学要领，对教师的培训应该定期、系统地进行。培训不是针对某一具体的教学环境和教师群体，而是以文化教学为主要考虑因素。

2. 教师文化教学培训的方法

(1)文化意识和文化教学意识的培训

文化教学培训的一个根本特点就是“使隐含的东西明确化”。这就是说，文化、文化差异以及外语教学的文化教学潜力都已经客观存在，现在最重要的是让教师意识到它们的存在和作用，即要提高教师的文化敏感性和文化教学的意识。在这样的敏感性和意识的基础上，教师的文化知识积累和文化能力以及文化教学能力的提高就会突飞猛进。

(2)文化知识的培训

就文化概念和知识的学习而言，文化人类学提供了最为全面、科学的阐述，理应成为外语教师培训的一门必修课。文化人类学是一门历史悠久、理论基础雄厚的社会科学，它无论是在文化理论研究上，在具体文化的描述上，还是在文化研究的方法上都已形成了较为完善的体系，是外语教师获取相关文化知识的可靠来源。当然，外语教师学习文化人类学不是为了成为人类学家，因此也就没有必要穷尽其所有的内容，他们只需利用文化人类学的部分研究成果，以获取对文化相关概念更清楚的理解，对相关文化群体更全面、深入的了解，同时借鉴其中的一些文化研究和探索的方法。对文化人类学研究成果的筛选和选用应该由来自不同领域的专家，如外语教学研究者、文化学家、跨文化交际研究者、教师培训专家等合作完成，综合各方的意见，选择那些教师需要掌握的理论和信息作为培训的内容。

除了文化人类学可以成为教师文化知识培训的主要科目之外，社会学和跨文化交际学的研究成果同样是教师培训应该关注的内容。语言、文化、社会和交际之间复杂的关系，在这两门学科中得到了更清晰的描述。

对于师范院校的准教师来说，如果能在高年级开设专门的文化学、社会学和跨文化交际学课程最为理想。但是，就大量从非师范院校毕业，却选择成为外语教师的准教师而言，花费很多时间专门讲述这些科目的内容，显然不现实，只能依靠教师培训工作者精心挑选和准备培训内容，以系列讲座的形式传授给受训教师。

(3)文化能力的培训

相对而言，文化能力的培训比文化意识和文化知识的培训更为复杂和困难，因为它不仅涉及教师的认知心理，更与他们的情感和行为有关。这里所说的文化能力包括教师的跨文化交际能力和文化学习探索能力。

跨文化交际能力的培训可以从文化冲撞开始，目的是让受训者通过经受心理和情感上的震荡，对跨文化交际中存在的文化冲突有一个强烈的感性认识，培训者趁机向受训教师介绍跨文化交际中的困难，然后自然过渡到对如何克服这些困难的探讨。教师培训者一方面可以通过讲座或让受训者阅读相关文献等方法来帮助他们了解跨文化交际的本质和文化冲撞产生的根源及其特点和过程，使他们从理性上认识积极调整心态、不用自己的文化框架判断他人、努力适应对方交际方式的重要性；另一方面还可以通过看录像、观察和分析成功与失败的跨文化交际案例，来吸取好的经验，防范交际误区。此外，培训者还可以向受训教师布置跨文化交际实践的任务，如到外企见习、到外国人家做客，通过观察、访谈和体验来增强对跨文化交际的认识，提高跨文化交际能力。最后，还可以让所有受训者们一起分享各自的跨文化交际经历和体会。值得注意的是，在整个培训过程中，培训者应该反复强调反思的重要性，受训者正是通过不断学习、不断体会、不断反思才能有效地增强自己的跨文化意识和跨文化交际能力。

文化学习和探索能力培养是本着授之以渔的目的，帮助受训教师掌握一套文化学习的方法，使他们能够对遇到的新的文化现象和文化群体进行探索研究，这种能力也是这些受训教师今后对学生进行文化教学的目标之一。文化学习和探索能力首先建立在敏感、勇敢、宽容和善于移情等情感态度的基础上。缺乏敏感性，对任何文化现象熟视无睹，想当然地认为人皆相同，这些都是文化学习的障碍。其次，面对陌生的文化环境，很多人选择逃避和退缩，而善于学习和探索的人则会勇敢地尝试和体验，积极参加各种有利于自己了解该文化群体的活动。与不同文化背景的人相处，宽容和移情是不可或缺的素质，具备了这两种素质就能避免误解和冲突的发生，文化学习和探索才可能顺利完成。

作为一种文化学习和探索方法，参与观察法可以被用来对任何一个文化群体进行深入的文化调查。理想的条件是离开自己熟悉的文化环境，融入到一个陌生的文化环境中，对该文化群体的某些文化侧面进行探索和学习，并通过与该群体的人进行交流，获取跨文化交际的经验，摸索跨文化交际的规律，从而提高跨文化交际能力。对于中国外语教师和学习者而言，这样理想的环境也许不存在，但是，教师培训者同样可以利用国内现有的外国文化群体或不同的亚文化群体的资源，进行参与观察文化研究方法的训练和实践。虽然环境有所不同，但是基本原理和技巧基本相同。

在教师培训中，培训者首先向受训教师介绍参与观察的文化研究方法，通过各种手段帮助教师弄清这种文化探索学习方法的宗旨、特点和注意事项。然后由受训教师自行设计和完成至少一次文化探索任务，并在这一过程中记录自己的学习体会以督促自己反思学习体验，同时也为以后与其他同事分享经验和感受提供资料。一次这样的学习任务是以一篇全面、透彻的调查报告为终结，报告内容包括本次调查研究项目的目的、方法、结果以及经验总结，其中很大篇幅应该是对调查对象某些文化现象的详尽描述。

接受过以上培训的教师应该在个人素质上为文化教学做好了准备。他们还需要接受一定的文化教学培训才能胜任跨文化外语教学工作。文化教学培训同其他教学培训一样主要是从大纲、教材和教学方法几个方面着手。大纲培训是帮助教师理解教学目标、教学内容和教学评估标准等，是教师准备教案，设计教学活动的基础。教材培训是针对某一特定教材，就教材使用的方法进行培训。教学方法培训最为普遍，文化教学的方法很多，每一种方法都有其优点和缺点，每一种方法都有其独特的技巧，这些都是教师培训时的必要内容。

3. 反思教学和课堂教学研究

近年来，反思教学和课堂教学研究成为外语教学和教师培训研究文献中出现频率较高的术语，它们作为教师培训和教师自我发展的方法已经受到越来越多教学研究者和教师的重视。对于跨文化外语教学来说，课堂教学研究的作用更是不可低估。

课堂教学研究也是促进教师教学水平提高和教学效果改善的一种方法。Wallace 将其定义为“为了改善教学的某一领域而进行的系统的资料收集和分析活动”。教师针对自己教学中遇到的问题，利用自己所掌握的教学理论知识，根据自己的经验，通过自己的努力，寻找解决问题的方法，在此过程中记录自己的体验，反思自己的态度和做法，并与其他同行进行交流。根据研究，课堂教学研究有五大特点：它解决的是研究者及圈内人士切实关心的问题；它要求系统地收集资料，反思实践；它通常是以本校、本地的教学为研究对象，规模较小，重点观察教学方法变化所带来的结果的变化；它常采用的是定性分析法，对教学事件和过程进行描述；它的研究成果包括对问题的解决以及教师个人业务水平和当地教育实践和理论水平的提高。

由于这样的教学研究与教师的教学实践联系紧密，因而具有很大的实用价值。对于接受岗前培训的教师来说，进行课堂教学研究培训有利于他们培养反思教学和课堂教学研究的意识，掌握反思教学和课堂教学研究的方法，从而使他们获取一套不断提高业务水平的、灵活高效的方法，增强他们对今后教学工作的信心。一旦他们正式走上讲台，在学校及教育管理者的支持和帮助下，他们就可以充分利用课堂教学研究和反思教学来提高自己教学的效果，同时也促进其所在区域整体教学水平的提高。所以，课堂教学研究应该成为教师培训的一项重要内容。

四、学习者自主学习能力的培养

当前外语教师培训的另一热门话题是教师如何培养学习者自主学习能力。所谓自主学习，简单地说，就是指学习者控制和管理自己学习的能力，它是一个复杂的概念，包含多个层次，在不同的社会文化和教育环境中呈现不同的形式。

1. 自主学习的背景、含义和意义

(1)自主学习研究的背景

自主学习的思想早在 18 世纪就已萌芽，法国哲学家 Rousseau 的“自然教育”理论强调了学习者对自己学习负责的重要性，实际上就等于提出了自主学习的思想。他认为自主学习的能力是人天生就有的，但是这种天赋却受到后天学校教育的压制。这一思想对很多后来的教育学家产生了影响，成为解放学习者、将他们重新送回到教学主体位置的现代教学思想的动因之一。

(2)自主学习的含义

自主学习就是控制和管理自己学习的能力，也就是对与学习各个方面相关的决定负责，它包括目的的确定、内容和进度的确定、方法和手段的选择、学习过程的监控以及学习的评价等。

从本质上来说，自主学习是一种独立学习、批评反思和自我决策的能力。它要求学习者发展一种与学习过程和内容相关的、特殊的心理，这种独立的能力表现在学习者的学习方式上，或表现在他(她)将所学东西迁移到更加广阔的领域的方式上。

(3)培养自主学习能力的意义

学习者自主学习能力的培养成为外语教学的中心议题是与跨文化交际日益频繁、知识和信息日新月异、经济和教育全球化不断深入的当今世界形势分不开的，面对这样的形势，培养跨文化交际能力、独立学习能力和终身学习的思想成为教育的首要任务之一。外语教学作为跨文化交际能力培养的重要阵地，理所当然应该承担起这一重任。

2. 教师和学生的角色

自主学习不是一种新的学习方法，也不是一种新的教学方法，它是对学习和教学本质的修改。学习不再是简单的听讲、记笔记、做作业、复习、预习、考试等；教学也不再是单纯的传道、授业、解惑。学习者的被动地位得以打破，以学生为中心、以学习为中心、以任务为中心的教学思想取代了以教师为中心、以教学为中心、以教材为中心的教学思想。那么，这种转变是否意味着教师的教学变得轻松，而学生的学习压力不堪重负呢？对这个问题的最好回答就是分析教师和学生在这种教学模式下的作用和他们之间的关系。

(1)教师的角色

自主学习要求学生除了参与确定学习目标、学习内容、学习进度、学习方法、学习评价之外，还要对自己作为一个学习者的感受和经历进行反思和理解，关注学习过程，摸索学习方法。对学生所提出的这些“额外”的要求，实际上也是对教师的要求。只有具有自主学习意识和能力的教师才能培养出能够进行自主学习的学生。教师在教学中如果能表现出以上特点和自信，就会感染学生，将这种独立意识和自信传给学生。有意识、有计划地进行自主学习能力培养是教师的主要任务之一。在这种教学思想指导下，教师扮演的角色应该是合作者、顾问、协调者和对话者。

(2)学生的角色

就学生而言,自主学习使得他们从对教师和教材的依赖中解放出来,成为自己学习的主人。这种从被动到主动地位的变化要求学习者在教师的引导下做到:制订学习计划、监控学习过程、反思并修正自己的学习态度和方法、评价学习结果。自主学习要求学习者具有较强的学习意识,重视学习目标实现的过程和方法,通过这样的意识和对学习过程的关注,学习者增强了对学习、学习者和学习过程的理解,掌握了学习的规律和方法,从而提高了自己独立学习的能力,为自己承担起学习的责任做好准备。

调查显示,目前中国外语教师和学生的观念以及他们的教学能力和学习能力与跨文化外语教学的要求相距甚远,所以有必要进行教师和学生培训。

第四节　跨文化英语教学中的测试与评价

测试和评价是两个相关的教学术语,有时甚至被互换使用。实际上,它们的区别是明显的。测试是通过使用一种工具,如试卷,对被测试者的知识和能力进行一次性的衡量,其结果通常以数字或分数形式给出。如我们熟悉的各门课程的期中、期末考试,英语四、六级考试等都是不同类型的测试。评价通常是对评价对象在一段时间内的学习过程和进步情况的评价,近年来教育界开发和应用的作品集评价法、真实评价法和行为表现评价法为我们提供了更全面、更真实了解学生学习过程和成果的途径。与测试不同,它依赖多种评价手段,不仅包括一些测试,而且更注重学习者在学习过程中所付出的努力和取得的进步。

一、从客观定量测试法到定性分析评价法

跨文化外语教学将文化确定为主要教学目标和内容之一,因此在课程开发、教学设计和测试评估中都应该体现这一新的目标和内容。然而,目前中国外语教学界在这方面所做的尝试和努力相当不足,除了一些关于英语国家概况的文化知识测试之外,多数测试和评估都忽略了对学习者文化能力的测评,甚至在美国和欧洲一些文化教学及文化教学研究历史较长的国家和地区,文化测试和评价也是困扰外语教师和研究者的一大难题。虽然这个问题已经引起了重视,但是文化测试、评价研究和实践仍然是文化教学最薄弱的环节。

1. 文化测试的主观性和复杂性问题

文化测试之所以长期以来一直是文化教学的主要障碍之一,是因为文化的主观性和复杂性导致文化测试和评价的设计及实施极为困难。测试的基本标准是信度和效度,客观和公正,一旦涉及文化,测试与评价的客观性几乎不可能存在,因为文化是人的主观认识和体验,它不如对语言形式那样容易制定客观、可操作的评判标准。

从文化测试和评价的内容和标准来看，文化几乎无所不包，无时无刻不在起作用。文化教学的内容既包括文学、艺术等人类文明发展史，也包括社会学和文化学关注的人们的态度、习俗、日常活动、思维方式、价值观念和参考框架等。文化不仅对社会具有规范、调控和凝聚作用，而且对个人的所思、所想和所为具有指导和制约的作用。文化测试和评价如何涵盖这些内容，体现这些功能，是一个复杂、艰难的问题。另外，文化测试和评价的标准也是一个难以确定的问题。任何文化都是一个抽象的概念，它是由无数的亚文化群体构成，这些不同文化群体由于主观认识和体验的差异不可能形成统一的文化认识和表现。所以，在文化测试和评价时采用谁的标准也是一个棘手的问题。

正因为存在主观性和复杂性的问题，一些学者甚至想放弃文化测试和评价，因为他们认为，如果不能解决这些问题，只是从形式上片面、肤浅地对文化学习进行测试反而会挫伤学习者的学习积极性，甚至对他们的文化学习起到误导作用。

然而，文化测试的主观性和复杂性不能成为放弃文化测试和评价的理由，测试和评价毕竟是教学不可缺少的重要环节，一旦放弃对文化教学内容进行测试，那么就等于放弃文化教学本身，这样一来，文化将继续保持其在外语教学中“二等公民”的地位，它仍将作为语言教学的附属品而存在，这显然不符合跨文化外语教学的宗旨。此外，对文化教学内容的测试和评价是检验教学方法、教材和教学效果的重要手段，同时也是刺激学生文化学习积极性的重要手段，毕竟为考试而学习的思想永远不可能完全消失。所以，加强对测试和评价的研究势在必行，它应该成为跨文化外语教学的攻关项目。

2. 从客观定置测试法到定性分析评价法

当外语教学从 20 世纪 50 年代以语法、词汇和阅读为中心的教学模式发展到七八十年代以交际能力为目的的教学模式时，测试也逐渐从强调认知理解和规则记忆的纯语言测试发展到包括听、说、读、写各种能力，强调语言使用和交际能力的测试。这种测试内容的改变在很大程度上促进了学习者语言能力的综合发展，但是，与纯语言测试一样，目前所使用的很多测试仍采用客观、量化的传统形式，如选择题、正误判断题、填空题等。这些测试形式将语言和文化知识技能分割成易于准备、量化和分析的、独立的考试项目，具有客观、科学、公平和高效等优点。但是，随着教育研究的不断发展，这些传统的测试形式越来越受到质疑和抨击。

总之，传统的测试形式有其特有的优势，在大型的、需要标准化测试的情况下仍然具有一定的实用价值。但是，它们对评价学习者的学习过程和学习结果却存在很多不足和偏差，在很大程度上对教师的教学和学生的学习起着误导作用，影响了整个教学活动。

二、文化测试和评价的内容

测试和评价是对教学目标和内容的反映，文化测试和评价就应该以文化教学的目标和内容为基础，确定测试和评价的内容。测试之所以是目前文化教学最为薄弱的环节，最难解决的问题主要有两方面的原因：其一，缺乏一套与真实文化能力密切相关，同时又能够被观察、分析和评价的教学目的；其二，测试和评价的思想和方法陈旧，需要更新。

1. 文化测试的相关研究

文化本身的复杂性和文化理解的主观性决定了文化测试和评价是一项极为困难的活动。正因为如此，如何将文化细分成可操作的评价单位和内容，同时又不遗漏重要的文化教学内容至关重要。

将文化能力分解为文化知识、文化理解和文化行为进行测试和评价是一种很实用，又易于准备和操作的方法，对于文化教学刚刚起步、文化教学研究尚未成熟的国家和地区不失为一个好的开始。遗憾的是，它主要测试的仍然是学习者对文化信息的了解（如业余爱好、交通等）和一些简单的、关于日常生活的行为习惯（如打招呼、告别等），忽略了很多重要的文化教学内容，特别是跨文化意识、跨文化交际能力和文化学习能力等，因此具有很大的局限性。

2. 文化测试和评价的内容

确定评价的内容是评价的第一步。虽然，文化学习的内容无论从广度还是从深度来说，都难以界定，但是通过前面各章的论述，它还是有章可循的，在一定程度上也是可以描述的。综合以上来自外语教学和跨文化培训方面各位专家的研究成果，根据笔者自己的理解，文化测试和评价应该包括以下内容。

(1)具体文化层面

知道有关目的文化的历史、地理、政治和社会等宏观层面；理解目的文化在其社会各种场合的功能，在语言使用中的体现，在个人生活中的作用，这是文化的微观层面；理解并能解释目的文化的世界观、价值观和信念及其对人们日常生活和工作的影响；知道并能理解目的文化与本族文化的差异；使用目的语言和以上相关文化知识与来自目的文化的人们进行有效、恰当的交流。

(2)抽象文化层面

对文化差异具有敏感性，能够用不同的文化参考框架去解释文化差异；能够灵活应对不同文化，与来自目的文化和其他文化群体的人用英语进行恰当、有效的交流；掌握文化探索、学习和研究的方法。

以上关于文化学习测试和评价内容的论述表明：丰富的内容要求测试和评价的形式多种多样。文化学习贯穿小学、中学和大学，我们应该根据不同阶段语言和文化教学目标以及特点的需要，对以上测试和评价内容进行选择，做到重点突出。此外，由于文化只是跨文化英语教学中的一个部分，文化教学测试和评价必须与语言内容的测试和评价结合起来，形成一个整体。这一点在很大程度上取决于测试和评价的方法和手段。

三、文化学习的测试和评价方法

1. 文化知识的测试

文化知识是对文化信息、模式、价值观念和文化差异的认知理解能力。文化知识可分为普遍文化知识和具体文化知识，宏观文化知识和微观文化知识。普遍文化知识涉及文化学、社会学等学科的研究成果，外语学习者需要了解文化对于社会、交际、民族和个人的作用，这些抽象的文化知识已经得到文化学家和社会学家全面、成熟的论证和梳理，测试起来并不困难，传统的笔试基本就能满足需要。相比较而言，其他几个方面的文化知识不仅对外语教学更加重要，而且也因为较为复杂而需要得到更多的关注。

宏观文化知识的测试与评价在外语教学中已经有相当长的历史。有关目的文化的历史、地理、宗教、艺术等客观文化事实，长期以来一直作为外语学习的背景知识在各种测试中得到认可，尤其是英语专业的综合水平考试常常包括对宏观文化知识的测试。宏观文化知识也可称为被动文化知识，与主动文化知识形成对照。具体文化的微观层面的知识是外语教学关注的重点，因为它直接影响人们的语言交际和非语言交际行为，是一种主动文化知识。所以，对这些主动文化知识的测试通常采取情景化的题目设置方式，将测试任务置于具体的交际语境中，使学习者在回答问题时将文化知识与实际交际场合的需要联系起来，体现他们所掌握的是鲜活的、主动的文化知识。例如：

Choose the best answer：

When you are invited to have dinner at an American friend's home, what should you do?

A. Bring a small gift and offer to help in the kitchen.

B. Buy an expensive thing you think the host or hostess may need or like, and get ready to talk about your native culture.

C. Bring nothing as a gift, but offer to help in the kitchen.

D. Bring nothing as a gift, but get ready to talk about your native culture.

总之，与情感态度和行为技能层面相比，文化知识的测试并不困难。关键在于对文化教学大纲中确定的文化知识的教学内容进行全面细致的分析，细化成具体的测试项目，然后，根据所测文化知识的特点（主动文化知识还是被动文化知识）来确定测试的形式。

2. 情感态度的评价

情感态度是跨文化交际能力的重要组成部分，学习者只掌握相关文化知识，不在情感和态度层面同步发展，就不可能提高跨文化交际能力。然而，就测试和评价而言，由于涉及学习者的心理和情感，这一层面被认为是文化学习测试和评价的最大困难所在。情感态度并不是测试和评价的禁区，通过上述各种方法，我们可以在一定程度上了解学习者的情感态度，因此弥补了文化教学中情感层面由于难于评价而得不到重视的遗憾。只要我们认识到其必要性和可行性，必定能开发出更多、更好的情感态度测试和评价方法。

3. 文化行为的评价

文化行为指的是在交际过程中交际参与者表现出来的那些受文化影响的行为，这些文化行为往往通过语言和非语言行为表现出来。文化行为的评价可以采取一些传统笔试的形式进行，但更有效、更真实的评价方法应该是真实、直接的行为表现评价法。

文化行为测试的笔试形式包括选择、判断、问答等。例如：

Multiple choice questions:

You are now a visiting student at an American university.

(1) If you are having a party for the students in your class, how many days in advance would you invite them?

A. The day of the party.

B. One day in advance.

C. Several days in advance.

D. 3 or 4 weeks in advance.

(2) If you do not understand a point that your teacher makes in class, it is best to:

A. Raise a hand and ask for clarification.

B. Look confused.

C. Remain silent and ask the teacher after class.

D. Leave the class.

(3) If someone offers you food that you really don't like, you might say:

A. I hate that.

B. Sure, I'd love some more.

C. I have just a little bit, please.

D. Thanks, but I'm really full.

我们可以设计很多类似的笔试题型，通过情景描述和模拟现实的任务设置方式来测试和评价文化行为，但是无论情景描述和模拟现实如何具体，笔试永远是一种间接的测试手段，其真实性难以得到保证。行为表现评价法因此而得到重视。

行为表现评价法主要是企业人力资源部门用来评价员工工作表现所采用的方法，一直是管理学研究的一个重要课题。20 世纪 90 年代以来，建立在行为主义学习理论基础上的传统测试方法，特别是标准化测试，不能满足外语教学培养外语交际能力的目的，因此以建构主义学习理论为基础的行为表现评价法越来越受到外语教学研究者的青睐，成为当今外语学习评价的一个新趋势。行为表现评价法的目的是评价学习者应用知识去解决问题和分析问题的能力，其根本出发点是：如果想知道一个人能做什么，那么最好的办法就是让他做给你看。一个人或许懂得很多与游泳相关的知识，但是他未必就会游泳，我们不能单凭他所具备的理论知识来断定此人一定会游泳。只有让他下水表现一番，才能判断他的游泳技能。实际上，目前很多企业或项目组在录用和选拔人才时，都采用了行为表现评价法，如聘用教师时要求试讲，新进员工都有试用期，等等。

将行为表现评价法应用到外语教学中的最大好处在于它比传统的测试和评价手段更直接、更真实，更能反映学习者的语言应用能力。外语学习的最终目的不是掌握外语语言知识，而是提高外语交际能力。选择、填空等传统手段对于测试学习者的语言知识非常有效，但是语言知识的学习不是外语学习的本质，只有通过基于任务或基于项目的行为表现评价法，才能真实地评价学习者的外语交际能力。采取这种评价方法的另一个好处就是它能对我们的课程设计和课堂教学起到正确的、积极的反拨和指导作用。

4. 作品集文化学习评价法

真实性和可靠性是任何测试和评价都必须遵循的原则。真实性是对测试内容和形式是否反映教学目的的衡量，真实性高的测试和评价不仅包括了所有应该评价的内容，而且它所采用的方法和形式能够真正评价要评价的内容是否能反映被测试和评估者所掌握的知识和能力，这些是测试和评价必须达到的基本标准。可靠性是关于测试和评价结果的连续性和一致性，要求一个测试和评价工具在不同时间、不同地点使用时产生的结果一致，通常用数据来表现。真实性和可靠性的原则为文化测试和评价手段的设计和使用提供了重要依据。下面就从真实性和可靠性的角度分析一种综合性的文化测试和评价方法，就是作品集文化学习评价法。

作品集作为一种评价手段在美国等西方国家已经有相当长的历史。美国最早使用作品集评价法是在 1972 年为美术专业学生大学录取所设计和实施的，到目前根据这一评价方法对学生美术作品集所做的评价已经得到 2500 多所高等院校的认可。现在，作品集评价法已经广泛应用于美术教学以外的其他很多领域，特别是写作、阅读、教师培训等。中国的教育测试和评价机构也开始意识到这种评价方法的优势，并开始了这方面的研究和尝试。虽然，就目前来说，考试成绩仍然起着主要的、决定性的作用，作品集只是参考，但这是一种方向，相信在不久的将来，随着教育改革的进一步深入，教育观念的进一步更新，这种综合评价的方法一定会在中国兴起。

作品集评价法是一种典型的形成性的评价方法。教师和学生以学生在一段时间内（通常是以学期、学年或阶段为单位）按照教师的要求或根据自己的需要，完成的一系列系统、有序的作业、研究报告、学习日记、测试等“文件”为基础，对学习者付出的努力、进步的情况、学习的态度、学习的方法和成就的多少进行评价。无论从评价的依据还是评价的目的来说，这都是一个较为全面、可靠和真实的评价手段。

作品集评价法是一个用途广泛的、人性化的评价方法，符合当今以学习者为中心、以建构主义学习理论为基础的教育理念。就文化学习评价而言，作品集评价法更是起着重要的作用，一方面因为测试和评价一直是阻碍文化教学的主要因素之一，将作品集评价法应用到文化教学中能够在一定程度上弥补这一缺憾；另一方面，作品集评价法特别适合对文化态度、文化知识和文化行为的综合评价，而且适用于文化教学的各个不同阶段。

综上，从测试与评价的本质出发，分析了目前外语教学测试和评价的现状和问题，在比较传统的客观定量测试法与定性分析评价法的基础上，论述了定性分析评价法对于外语教学，特别是文化教学测试和评价的重要意义，可得出以下几点结论：

第一，文化测试的主观性和复杂性决定它更应该采用定性分析评价法，如真实评价和表现评价等形式。

第二，定性分析评价法注重对能力和学习过程的评价，可以对认知、心理和行为多个层面进行综合评价，而且有利于学习者参与评价过程，进行自主学习。

第三，文化测试和评价的内容包括具体文化和抽象文化两个方面以及文化知识、文化意识、文化态度和文化行为等多个层面，所以采用的评价方法和手段也应该多种多样。

第四，文化知识的测试基本上可以采用填空、选择、正误判断等传统的客观题形式，重要的是将学习者应该掌握的文化知识全面、系统地通过各种测试手段予以体现。

第五，对文化行为的评价既可以采取笔试形式，通过设置模拟现实的任务让学习者书面应答，也可以通过直接观察学习者真实的行为表现来进行评价。两种方法各有所长，应该有机结合。

第六，作品集文化学习评价法是一种对学习者文化学习过程中知识、情感和技能发展情况综合的、人性化的评价方法，符合以学习者为中心、以建构主义学习理论为基础的现代教育理念，特别适合文化学习评价。

参考文献

[1]何声钟.大学跨文化英语教学结构模式和实践模式[J].江西教育学院学报,2014(2):72-76.

[2]韩晓蕙.高校学生跨文化交际能力培养的现状与思考——以高校英语教师为考察维度[J].外语学刊,2014(3):106-110.

[3]孙淑女,许力生.大学英语教学中计算机主导的跨文化能力培养研究[J].外语界,2014(4):89-95.

[4]马冬,万鹏飞.论跨文化英语教学中学生民族文化自豪感的提升[J].理论观察,2015(12):162-163.

[5]王小清.高校英语教学中学生跨文化交际能力的培养策略[J].山东社会科学,2015(21):s2.

[6]金虹,马翼虹.浅析跨文化英语报刊的传播作用[J].中国报业,2016(4):59-61.

[7]赵伟.大学英语教育中的跨文化交际能力培养策略[J].黑龙江高教研究,2016(5):142-144.

[8]葛春萍,王守仁.跨文化交际能力培养与大学英语教学[J].外语与外语教学,2016(2):79-86.

[9]安琳,王蓓蕾.新要求新视角新体验——"新目标大学英语"阅读系列教材编写理念与特色[J].外语界,2016(2):23-25.

[10]杨郁梅.第三空间视域下跨文化交际能力与英语水平的关系[J].现代语,2016(3):418-428.

[11]王开玉.走出语言系统:由"外"向"内"——以跨文化教育为主导的大学英语教学探索[J].外语与外语教学,2003(12):22-24.

[12]付永钢,李天行.英语跨文化交际能力的调查与思考[J].西南民族学院学报(哲学社会科学版),2003(5):280-285.

[13]田青,雷耘.谈英语教学中跨文化交际能力的培养[J].山东师大外国语学院学报(基础英语教育),2003(1):22-24.

[14]董晓波.以跨文化教育为主导的大学英语教学[J].黑龙江高教研究,2006(1):130-131.

[15]于虹音.商务英语教学与跨文化交流能力[J].国际商务研究,2006(3):54-57.

[16]袁宏萍.跨文化交际中的中国英语和中国式英语[J].四川教育学院学报,2006(11):39-40.

[17]潘崇堃.英语专业培养学生跨文化交际能力的课程设置研究[J].北京化工大学学报(社会科学版),2006(4):82-85.

[18]王艳华.英语教学中的跨文化意识培养[J].黑龙江科技信息,2012(3):187-188.

[19]刘亚兰.高职商务英语教学中学生跨文化交际意识的培养[J].教育与职业,2012(5):102-104.

[20]赵耀.商务英语视域下跨文化交际能力的培养[J].长春理工大学学报(社会科学版),2012(3):182-184.

[21]屈晓丽.跨文化交际视域下的大学英语教学[J].首都师范大学学报(社会科学版),2012(3):102-105.

[22]霍翠柳.英语教学中跨文化交际能力培养反思[J].中国成人教育,2012(3):149-151.

[23]李芃.论中国英语对跨文化交际的影响[J].攀枝花学院学报,2012(6):62-66.